Lee | To Kill a Mockingbird

Lektüreschlüssel XL

für Schülerinnen und Schüler

Dieses Buch wurde klimaneutral gedruckt.

Alle CO_2-Emissionen, die beim Druckprozess unvermeidbar entstanden sind, haben wir durch ein Klimaschutzprojekt ausgeglichen.

Nähere Informationen finden Sie hier:

Klimaneutral
Druckprodukt
ClimatePartner.com/14058-1912-1001

Harper Lee

To Kill a Mockingbird

Von Andrew Williams

Reclam

Dieser Lektüreschlüssel bezieht sich auf folgende Textausgabe:
Harper Lee: *To Kill a Mockingbird.* London: Arrow Books [2010].

Lektüreschlüssel XL | Nr. 15489
2018 Philipp Reclam jun. Verlag GmbH,
Siemensstraße 32, 71254 Ditzingen
Druck und Bindung: Eberl & Koesel GmbH & Co. KG,,
Am Buchweg 1, 87452 Altusried-Krugzell
Printed in Germany 2022
RECLAM ist eine eingetragene Marke
der Philipp Reclam jun. GmbH & Co. KG, Stuttgart
ISBN 978-3-15-015489-2

Auch als E-Book erhältlich

www.reclam.de

Inhalt

1. Schnelleinstieg 7

2. Inhaltsangabe 11

Teil 1 11

Teil 2 20

3. Figuren 35

Scout (Jean Louise) Finch 35

Atticus Finch 38

Jem (Jeremy Atticus) Finch 41

Calpurnia 43

Aunt Alexandra 43

Dill (Charles Baker) Harris 45

Boo (Arthur) Radley 45

Tom Robinson 48

Bob (Robert E.) und Mayella Ewell 49

Die Cunninghams 51

Miss Maudie 52

Andere Figuren 53

4. Form und literarische Technik 55

Die Erzählstimme 55

Die Struktur des Romans 57

Die Gattung des Schauerromans 62

Symbole 66

Sprachliche Besonderheiten 69

5. Quellen und Kontexte 74

Politischer und wirtschaftlicher Hintergrund 74

Historische Quellen: Rassistisch motiviertes Unrecht 76

6. Interpretationsansätze 86

Der Ort der Handlung 86

Rassismus 90

Kindheit und Erwachsenwerden 98
Gender und Familie 105

7. Autor und Zeit 110

8. Rezeption 127

Kritiken des Romans 127
Verfilmung 132
Bühnenadaptation 135
Zensur und Verbote 136
Aktuelle Entwicklungen 137

9. Prüfungsaufgaben mit Lösungshinweisen 139

10. Anmerkungen 145

11. Literaturhinweise/Medienempfehlungen 147

12. Zentrale Begriffe und Definitionen 149

1. Schnelleinstieg

Autorin	Nelle Harper Lee (1926–2016) US-amerikanische Schriftstellerin und Pulitzer-Preisträgerin
Entstehungszeit	1947–60
Gattung	(Entwicklungs-)Roman
Ort der Handlung	Der fiktive Ort Maycomb, Alabama, im Süden der USA
Zeit der Handlung	Sommer 1933 bis Spätherbst 1935
Zeitgeschichtlicher Hintergrund	Große Depression, Segregation
Verfilmung	1962 USA, Regie: Robert Mulligan

Harper Lees Roman *To Kill a Mockingbird* ist eines der meistgelesenen englischsprachigen Bücher überhaupt: Der 1960 erschienene Roman über die Ereignisse in der fiktiven Kleinstadt Maycomb, Alabama, ist über dreißig Millionen Mal verkauft worden. Kaum ein Roman wird in US-amerikanischen Schulen häufiger gelesen. Dass heute Übersetzungen von *To Kill a Mockingbird* in mehr als 40 Sprachen vorliegen, ist wenig verwunderlich; erstaunlich hingegen ist die Tatsache, dass *To Kill a Mockingbird* bereits ein Jahr

■ *To Kill a Mockingbird* – ein Welterfolg

wenig verwunderlich: hardly surprising | **erstaunlich:** amazing

nach der Erstveröffentlichung in mehr als 10 Sprachen übersetzt worden war. Und kaum zwei Jahre nach Erscheinen kam eine Verfilmung in die Kinos, die nach mehr als 50 Jahren noch immer sehenswert ist.

Die Episoden, die den ersten Teil des Romans ausmachen, die kleinen Abenteuer, welche die drei Kinder Scout, Jem und Dill gemeinsam erleben, sind Teil des US-amerikanischen nationalen Bewusstseins geworden, sicherlich auch wegen der im Roman evozierten »small-town«-Atmosphäre, nach der sich viele sehnen und die sie nirgendwo mehr vorfinden. Der leise Alltag einer amerikanischen Kleinstadt wird im Roman in wunderbarer und subtiler Weise ins Leben gerufen, ohne dass es kitschig wird. Trotz der Konflikte, die unter der Oberfläche schwelen, kann man *To Kill a Mockingbird* mit großem Genuss lesen.

■ Amerikanische Kleinstadtidylle

Schon früh merkt der Leser allerdings, dass Maycomb eine dunkle Seite hat, und dass er auf Ereignisse vorbereitet wird, die erschütternd sind. Der Gerichtsprozess, der den zweiten Teil des Romans dominiert, ist ebenfalls Teil der US-amerikanischen Kulturgeschichte geworden. Heuchelei, Rassismus, Gewalt, Armut: Auch das ist ein wesentlicher Teil der Vereinigten Staaten, die bis heute mit den Folgen der Sklaverei und des Bürgerkriegs im 19. Jahrhundert zu kämpfen haben. Wer die Nachrichten verfolgt, weiß, dass unschuldige Männer und Frauen noch immer al-

■ Rassismus und Gewalt

nationales Bewusstsein: national psyche | **etw. evozieren:** to evoke s.th. | **kitschig:** kitschy | **schwelen:** to smoulder | **erschütternd:** distressing | **Heuchelei:** hypocrisy

lein wegen ihrer Hautfarbe zugrunde gehen, sei es wegen polizeilicher Gewalt oder Vorurteilen anderer Art. Der Klassiker *To Kill a Mockingbird* hat an Aktualität nichts eingebüßt.

Zwei Figuren dominieren den Roman: die Erzählerin und ihr Vater Atticus. Scout hat als Erzählerin schon Millionen von Lesern bezaubert. Scout lässt sich dabei keinesfalls als Hauptfigur des Romans bezeichnen. Diese Stellung ist ihrem Vater vorbehalten, den sie offensichtlich maßlos bewundert und dessen Weisheit und Umsicht durch Scouts Erzählweise wunderbar zur Geltung kommen. Wenn uns Scout mit ihrer Mischung aus kindlicher Naivität und Intelligenz bezaubert, so beeindruckt uns Atticus als vorbildlicher Bürger und guter und vor allem weiser Mensch. Zahlreiche Anwälte führen ihre Berufswahl auf die Lektüre von *To Kill a Mockingbird* zurück und verehren Atticus, als wäre er ein echter Mensch und Rechtsanwalt gewesen (hier spielt die geniale Verkörperung des Atticus durch Gregory Peck in der Filmversion bestimmt auch eine Rolle). Es gibt sogar zahlreiche Veröffentlichungen, die Atticus' Handlungen aus rechtswissenschaftlicher Sicht untersuchen, und seit 1997 ist in Monroeville, Alabama, eine ihm gewidmete Gedenktafel zu sehen (die Tafel preist ihn als »lawyer-hero«). Als 1992 ein Anwalt in einem kritischen Aufsatz es wagte, Atticus wegen seiner eigent-

Aktualität: currency | **jdm. vorbehalten sein:** to be left to s.o. | **Umsicht:** prudence | **Gedenktafel:** commemorative plaque lichen Konformität vom Sockel stürzen zu wollen, gab es Protest und weit verbreitete Empörung.

Kritik an der Erwachsenenwelt

To Kill a Mockingbird ist nicht nur ein Buch über den Rassismus. Wer das Buch als Jugendlicher liest, wird vor allem erkennen, dass die Erwachsenenwelt hier scharf verurteilt wird. Und wer das Buch als Erwachsener liest, wird nicht umhin kommen, bei der Lektüre auch ein gewisses Maß an Sehnsucht nach jenen Jahren zu empfinden, in denen alles neu und aufregend war und das kindliche Gemüt mit den Widersprüchen der Erwachsenenwelt zurechtkommen musste. Man wird sich an die Verwirrung, die damit einhergeht, und auch an die Freude über neue Erkenntnisse und Perspektiven erinnern.

2. Inhaltsangabe

Teil 1

Kapitel 1: Die Erzählerin des Romans ist Jean Louise Finch, genannt »Scout«. Zu Beginn der Geschichte ist sie noch ein kleines Mädchen und wohnt in Maycomb, einem kleinen verschlafenen Ort im US-Bundesstaat Alabama. Scouts Vater, den sie immer bei seinem Vornamen »Atticus« nennt, ist sowohl erfolgreicher Anwalt als auch Parlamentsmitglied und genießt hohes Ansehen in Maycomb. Scout hat keine Erinnerung an ihre Mutter, die gestorben ist, als sie zwei Jahre alt war. Jem, Scouts älterer Bruder, kann sich noch an die Mutter erinnern und verfällt deswegen zuweilen in eine Melancholie, die Scout nicht entgeht. Eine schwarze Haushälterin namens Calpurnia kümmert sich schon seit etwa 8 Jahren um den Haushalt und spielt auch eine bedeutende Rolle bei der Erziehung der Kinder.

■ Die Erzählerin und ihre Familie

Im Sommer 1933, als Scout fast sechs Jahre alt ist und ihr Bruder Jem fast zehn, lernen die beiden den Jungen Dill kennen, der jeden Sommer aus dem Bundesstaat Mississippi nach Maycomb kommt, um bei seiner Tante, Miss Rachel Haverford (die Nachbarin der Familie Finch), den Sommer zu verbringen. Dill ist hochintelligent und kreativ. Seine Familie ist wohl zerbrochen; über seinen Vater redet er ungern. Eine

■ Kinderfreundschaft: Scout, Jem und Dill

Erzählerin: narrator | **verschlafen:** sleepy | **Parlamentsmitglied:** member of parliament

der Lieblingstätigkeiten der drei Kinder besteht darin, Romane und Erzählungen, die sie gelesen haben, nachzuspielen.

Boo – der unheimliche Nachbar

Die drei Kinder, insbesondere Dill, sind von Boo Radley fasziniert. Boo (eigentlich Arthur) Radley ist ein Nachbar, der seit 15 Jahren nicht mehr gesehen worden ist. Als Kind, heißt es, habe er Schwierigkeiten gehabt und sei zur Strafe vom Vater, den er dann später mit einer Schere angegriffen haben soll, unter Hausarrest gestellt worden. Calpurnia nennt Boos Vater »the meanest man ever God blew breath into« (S. 13), was die Kinder überrascht (denn normalerweise erlauben sich Schwarze solche Bemerkungen nicht). Seit dem Tod des Vaters wohnt Boo Radley mit seinem Bruder Nathan zusammen. Das Haus, in dem Boo wohnt und das er seit Jahren nicht verlassen hat, zieht die Kinder magisch an – und sie haben gleichzeitig Angst davor. Dill fordert Jem eines Tages heraus, als Mutprobe sich dem Haus zu nähern und es zu berühren. Jem traut sich und rennt zum Haus, um nach einer kurzen Berührung der Hauswand ebenso schnell zurückzulaufen. Es passiert nichts, aber die Kinder meinen, im Hause eine kleine Bewegung zu sehen.

Scouts Einschulung

Kapitel 2 und 3: Dill kehrt im September in seine Heimatstadt nach Mississippi zurück. Scout wird eingeschult – ein Ereignis, auf das sie sich schon lange

sich etw. erlauben: to allow oneself s.th. | **jdn. anziehen:** to attract (*or:* draw) s.o.

freut. Sie ist jedoch von der Art, wie die Lehrerin, Miss Caroline Fisher, mit den Kindern umgeht, sehr enttäuscht. Als Miss Fisher feststellt, dass Scout schon lesen kann, schimpft sie diese. In der Pause versucht Jem, seine Schwester zu beruhigen, indem er sagt, Miss Fisher probiere einfach eine neue Unterrichtsmethode aus. Nachmittags bekommt Scout zusätzlichen Ärger, als sie versucht, der Lehrerin das Verhalten Walter Cunninghams zu erklären: da Walter kein Mittagessen dabei hat, leiht ihm Miss Caroline Geld und sagt, er könne das später zurückzahlen. Scout versucht zu erklären, dass Walter so arm ist, dass er es nie wird zurückzahlen können. Miss Caroline versteht dies nicht und wird so ungeduldig, dass sie zur Strafe Scouts Hand mit einem Lineal schlägt. Nach einem Streit im Pausenhof zwischen Scout und Walter schreitet Jem ein und lädt Walter zum Mittagessen ein. Bei Tisch unterhalten sich Walter und Atticus wie zwei Erwachsene über landwirtschaftliche Themen. Scout kommentiert Walters Tischmanieren, die nach ihrer Auffassung nicht in Ordnung sind. Sie wird dafür von Calpurnia gemaßregelt. Nachmittags in der Schule erschreckt sich die neue Lehrerin, weil sie eine Laus in Burris Ewells Haaren entdeckt. Die Schüler erzählen der Lehrerin von der Familie Ewell, die noch ärmer ist als Walter Cunninghams Familie. Burris Ewell schimpft derart auf die Lehrerin, dass sie weint.

■ Ärmliche Verhältnisse

zusätzlich: additional | **landwirtschaftliche Themen:** agricultural topics | **Tischmanieren:** table manners | **jdn. maßregeln:** to reprimand s.o.

Nach den Erfahrungen des ersten Schultags ist Scout nicht begeistert und schlägt vor, dass Atticus sie selbst zu Hause unterrichtet. Atticus antwortet aber, dass der Schulbesuch Pflicht sei. Er werde ihr aber weiterhin vorlesen, solange sie der Lehrerin nichts davon erzählt.

Das Versteck im Astloch

Kapitel 4 bis 6: Scout langweilt sich in der Schule. Eines Tages entdeckt sie auf dem Weg nach Hause in einem Astloch von einer der Eichen, die auf dem Radley-Grundstück stehen, zwei Stück Kaugummi. Sie steckt sie in den Mund und erzählt Jem von ihrem Fund. Er gerät in Panik und lässt sie den Kaugummi ausspucken. Am letzten Schultag aber finden sie im selben Astloch zwei kleine Münzen. Sie beschließen, diese zu behalten. Der Sommer beginnt. Dill ist wieder in Maycomb, und die drei Kinder setzen ihre Spielereien fort. Unter anderem rollen sie in einem alten Reifen herum. Scout rollt unwillentlich bis an die Stufen vor dem Radley-Haus. Das jagt ihr einen Schreck ein; beunruhigend ist auch das Gelächter, das sie aus dem Haus vernimmt. (Sie behält dies aber für sich.) Als Nächstes spielen sie ein erfundenes Familiendrama »Boo Radley«, in dem auch der Scherenangriff vorkommt. Atticus erwischt sie dabei und fragt, ob das Spiel irgendetwas mit den Radleys zu tun hat. Jem lügt. Die Kinder fragen sich, ob es eine gute Idee ist, das Spiel fortzusetzen.

Astloch: knothole | **Reifen:** tyre

Weil die zwei Jungs Jem und Dill immer mehr Zeit miteinander verbringen, verbringt Scout Zeit mit der Nachbarin Miss Maudie. Sie ist Witwe und eine Jugendfreundin von Atticus' Bruder Jack. Sie erzählt Scout mehr über die Familie Radley. Sie meint nämlich, dass Boo unter seinem strengen Vater gelitten hat, der inzwischen gestorben ist. Sie erzählt, dass Boo als Kind immer höflich gewesen sei, und im Übrigen hält sie die meisten Gerüchte um ihn für unwahr. Jem und Dill planen, eine Nachricht für Boo zu hinterlassen. Sie wollen ihn zu einem Eis einladen. Atticus erwischt sie und schimpft sie. Sie sollen den armen Mann in Ruhe lassen. Jem und Dill halten sich zunächst an das Verbot. Aber am letzten Tag von Dills Aufenthalt in Maycomb möchten Dill und Jem Boo Radley durch ein Fenster erspähen. Scout geht mit. Ein Schatten erschreckt sie, und sie laufen davon. Es fällt ein Schuss. Beim Kriechen unter dem Zaun hindurch verliert Jem seine Hose. Die Kinder kehren nach Hause zurück. Es haben sich einige Erwachsene versammelt: Atticus, Miss Maudie sowie Miss Stephanie Crawford. Laut Miss Maudie habe Nathan Radley auf einen Schwarzen geschossen. Miss Stephanie fügt hinzu, dass er noch schussbereit ist, um beim nächsten Geräusch den Eindringling zu erschießen. Atticus fragt Jem, wo seine Hose denn sei. Dill sagt spontan, er habe Jems Hose bei einem Spiel gewonnen. Später

■ Miss Maudie erzählt von Boos Kindheit

inzwischen: in the meantime | **Kriechen:** crawling | **schussbereit:** ready to fire

bei Dunkelheit kehrt Jem zum Zaun zurück, um seine Hose zu holen.

Boos Geschenke für die Kinder

Kapitel 7 und 8: Einige Tage später beginnt die Schule wieder. Jem erzählt Scout, er habe die Hose ordentlich zusammengefaltet und repariert über dem Zaun hängend vorgefunden. Jem und Scout entdecken an dem Tag noch ein Geschenk im Baum. Scout ist in der zweiten Klasse genauso unglücklich wie in der ersten. Jem tröstet sie damit, dass die Schule immer besser werde. Im Herbst entdecken sie noch mehr Gegenstände im Baum: zwei Figuren aus Seife, Kaugummi, ein Abzeichen, eine alte Taschenuhr. Die Kinder wollen sich mit einem kleinen Zettel bedanken, aber das Astloch ist mit Zement gefüllt worden. Nathan Radley erklärt, er habe das Loch gefüllt, weil der Baum krank sei.

In einer außergewöhnlich kalten Winternacht schneit es in Maycomb. Scout und Jem bauen einen Schneemann, der allerdings hauptsächlich aus Erde besteht, weil nicht genug Schnee da ist. Der Schneemann ähnelt Mr Avery, einem unangenehmen Mann aus der Nachbarschaft. Atticus hält die Ähnlichkeit für so auffällig, dass er die Kinder darum bittet, die Gestalt zu tarnen. So setzt Jem dem Schneemann Miss Maudies Sonnenhut auf, sehr zu deren Verdruss.

In der Nacht brennt Miss Maudies Haus. Die Nachbarn helfen, Möbelstücke zu retten, aber das Haus

Möbelstücke: furniture

selbst brennt vollständig nieder. Die Kinder schauen zu. Boo legt, unbemerkt von den Kindern, eine Decke um Scouts Schultern. Später fragt Atticus Scout, woher sie die Decke hat, aber sie weiß es nicht. Jem erkennt, dass die Decke von Boo stammen muss und erzählt dies Atticus. Er erzählt auch von den Geschenken und von der zusammengefalteten und reparierten Hose. Atticus sagt, sie sollten das alles für sich behalten. Die Vorstellung, Boo habe neben ihr gestanden, verursacht Unbehagen bei Scout.

■ Miss Maudies Haus brennt nieder

Obwohl ihr Haus gerade völlig zerstört worden ist, ist Miss Maudie am nächsten Tag froh und munter. Sie kann jetzt ein kleineres Haus bauen und somit einen größeren Garten haben. Sie sagt, sie hätte gerne Boo dabei erwischt, wie er Scout die Decke um die Schultern gelegt hat.

Kapitel 9 bis 11: Atticus soll einen Schwarzen namens Tom Robinson verteidigen, dem die Vergewaltigung einer weißen Frau vorgeworfen wird. Atticus nimmt den Fall an, um seines Gerechtigkeitssinns und um seiner Selbstachtung willen, wie er Scout erzählt. Er warnt sie vor dem üblen Gerede, das sie deswegen womöglich über sich ergehen lassen muss, und bittet sie, sich nicht deswegen zu prügeln. Am nächsten Tag gelingt es ihr tatsächlich trotz ihrer Wut, einen Mitschüler, der Atticus beleidigt, nicht zu schlagen.

■ Der Fall Tom Robinson

Vergewaltigung: rape | **Gerechtigkeitssinn:** sense of justice | **Selbstachtung:** self-respect

Zu Weihnachten kommt Atticus' Bruder Jack zu Besuch. Scout flucht in seiner Gegenwart. Nach dem Abendessen warnt er sie davor, in seiner Gegenwart zu fluchen. Am Feiertag nimmt Atticus seine Kinder nach ›Finch's Landing‹ mit. Das ist eine alte Plantage, wo noch Atticus' Schwester Alexandra mit ihrem Mann lebt. Scout muss Francis, Alexandras Enkelsohn, ertragen, der dort zu Besuch ist. Sie hält ihn für die langweiligste Person, die sie je kennengelernt hat. Sie muss sich darüber hinaus gut benehmen, denn Alexandra selbst legt viel Wert auf korrektes Benehmen: Sie besteht zum Beispiel darauf, dass sich Scout wie eine Dame anzieht.

Ungeliebte Verwandtschaft: Alexandra und Francis

Eines Abends beleidigt Francis nicht nur den »nigger-lover« (S. 92) Atticus, sondern auch den kleinwüchsigen Dill. Scout verprügelt ihn. Francis erzählt Alexandra und Jack davon, und Scout wird bestraft, ohne dass ihre Version der Geschichte gehört wird. Als Scout Jack später erzählt, was Francis gesagt hat, ist Jack verärgert; er soll es aber dennoch für sich behalten, da Scout Atticus versprochen hatte, sich wegen solchen Geredes nie zu streiten. Später bekommt Scout mit, dass Atticus Tom für unschuldig hält, er aber dennoch keine Chance sieht, dass Tom von einer weißen Jury freigesprochen werden könnte.

Eines Tages läuft ein streunender (vermutlich tollwütiger) Hund durch den Ort. Heck Tate wird herbei-

Plantage: plantation | **kleinwüchsig:** small | **jdn. freisprechen:** to acquit s.o.

gerufen, um das Tier zu erschießen. Dies überlässt er dann aber doch lieber Atticus, dem es gelingt, den Hund mit nur einem einzigen Schuss zu töten. Maudie verrät den erstaunten Kindern, dass Atticus als junger Mann ein exzellenter Schütze gewesen sei. Scout möchte damit angeben, aber Jem sagt, es solle ein Geheimnis bleiben, denn Atticus hätte es längst erzählt, wenn er es gewollt hätte.

Mrs Dubose, eine streitsüchtige und gehässige alte Frau, an deren Haus Scout und Jem oft vorbeigehen, äußert sich eines Tages derart negativ über Atticus, dass der erzürnte Jem ihre Kamelien zerstört. Zur Strafe bestimmt Atticus, dass Jem der todkranken Frau einen Monat lang jeden Nachmittag bis in die frühen Abendstunden hinein vorlesen muss. Scout begleitet ihn, und gemeinsam erleben sie die Ausfälle und Krankheitsepisoden der alten Frau. Sie stirbt etwa einen Monat später. Atticus verrät nach ihrem Tod, dass sich Mrs Dubose in ihren letzten Lebenswochen aus eigener Kraft von ihrer Schmerzmittelabhängigkeit befreien wollte. Die Anfälle seien Begleiterscheinungen dieser Entwöhnung gewesen. Atticus hält dies den Kindern als Beispiel echten Muts vor. Mrs Dubose hinterlässt nach ihrem Tod eine weiße Kamelie für Jem.

■ Mrs Dubose' Kamelien

streitsüchtig: quarrelsome | **gehässig:** spiteful | **Schmerzmittelabhängigkeit:** drug addiction | **Entwöhnung:** weaning (*or*: dehabituation])

Teil 2

Kapitel 12 bis 14: Jem ist mittlerweile zwölf Jahre alt und distanziert sich zunehmend von seiner kleinen Schwester. Gleichzeitig findet er, sie solle sich mehr wie ein Mädchen verhalten. Scout freut sich deshalb umso mehr auf die Ankunft von Dill, aber zu ihrer großen Enttäuschung erscheint er in diesem Sommer nicht. Er schreibt einen Brief, aus dem hervorgeht, dass er einen neuen Vater hat (vermutlich hat seine Mutter erneut geheiratet). Zu allem Überfluss muss Atticus jeden Tag in die Hauptstadt fahren, um an Parlamentssitzungen teilzunehmen.

Kirchenbesuch mit Calpurnia

Eines Sonntags nimmt Calpurnia Jem und Scout in die Kirche mit. Es handelt sich um ihre Kirche, also um eine »farbige«. Das Gebäude selbst ist alt und heißt »First Purchase«, weil es mit den ersten Einkünften befreiter Sklaven gekauft wurde. Bis auf wenige Ausnahmen ist die Gemeinde sehr freundlich und heißt die Kinder willkommen. Auch Reverend Sykes begrüßt die Kinder und sagt, dass alle ihren Vater kennen. Da sich die Gemeinde keine Gesangbücher leisten und die Mehrheit ohnehin nicht lesen kann, werden die Kirchenlieder gesungen, indem eine Liedzeile vorgesungen wird und die Gemeindes diese dann nachsingt. Calpurnias ältester Sohn ist der Vorsänger der Gemeinde. Während des Gottesdienstes sammelt der Pastor Geld für Tom Robinsons Frau, Helen, die keine Arbeit mehr findet, weil ihr Ehemann der Vergewaltigung bezichtigt wird. Nach dem Gottesdienst erfährt Scout, dass ausgerechnet Bob Ewell diese Vorwürfe gegen Tom Robinson erhebt. Sie kann nicht verstehen, warum man auf Ewells Wort hören würde. Zu Hause wartet Aunt Alexandra auf die Kinder. Sie möchte eine Zeitlang bei den Kindern in Maycomb verbringen, denn sie hält eine weibliche Hand bei der Erziehung für nötig. Von der Maycomber Gesellschaft wird sie sehr herzlich aufgenommen. Sie ist bald ein wichtiger Teil des Soziallebens. Sie ist sehr stolz auf die Finchs und verbringt sehr viel Zeit damit, sich über die verschiedenen Maycomber Familien Gedanken zu machen, die alle ihre Geschichte und ihre Eigenarten haben. Jem und Scout haben jedoch keinen Sinn für diese Art von Familientradition. Alexandra lässt Atticus die Kinder über ihre Herkunft belehren. Atticus tut sein Bestes, aber das Gespräch endet in Tränen – Scout muss weinen, weil sie ihren eigenen Vater nicht mehr erkennt.

Der bevorstehende Gerichtsprozess rückt auch die Kinder in den Blick der öffentlichen Aufmerksamkeit: Es wird getuschelt. Scout fragt Atticus, was »Vergewaltigung« ist, und er versucht, es ihr zu erklären. Aunt Alexandra erklärt Scout, sie könne am Sonntag nicht wieder in Calpurnias Kirche gehen und sie auch nicht zu Hause besuchen. Aunt Alexandra und Atticus diskutieren über Calpurnias Rolle im Haushalt. Alexandra ist dafür, dass Calpurnia die Familie ver-

einen Vorwurf erheben: to make an accusation | **Sozialleben:** social life

lässt. Atticus hält dagegen. Am Abend versucht Jem Scout klarzumachen, dass es nicht klug ist, Aunt Alexandra zu provozieren. Scout lässt sich ungern belehren und greift Jem an. Atticus geht dazwischen und schickt die beiden ins Bett. Scout entdeckt etwas unter ihrem Bett. Sie holt Jem, und sie stellen fest, dass es sich um Dill handelt, der sich dort versteckt hat.

Dills Flucht

Dill ist von zu Hause geflüchtet, weil sich seine Eltern nicht um ihn kümmern. Jem sagt Atticus Bescheid, wer bei ihnen im Kinderzimmer aufgetaucht ist. Atticus informiert Dills Tante, Miss Rachael, dass ihr Neffe sich bei den Finchs befindet. Dill darf bei Jem übernachten. Er verlässt aber bald Jems Zimmer, um in Scouts Bett zu klettern und mit ihr über alles zu sprechen.

Kapitel 15 bis 17: Eine Woche nach Dills Ankunft informiert Heck Tate Atticus darüber, dass Tom Robinson ins Gefängnis von Maycomb verlegt wird und dass es daher womöglich Probleme geben könnte. Es wird befürchtet, dass einige Bürger Maycombs die Sache selbst in die Hand nehmen, d. h. Selbstjustiz üben wollen. Später erzählt Jem Scout, dass sich Atticus und Alexandra wegen des Prozesses streiten. Am nächsten Abend fährt Atticus zum Gefängnis. Eine Mischung aus Neugierde und Vorahnung lässt Jem

jdn. provozieren: to provoke s.o. | **Neugierde:** curiosity | **Vorahnung:** premonition

abends gegen 10 Uhr auch dorthin aufbrechen. Scout begleitet ihn, und unterwegs sammeln sie Dill ein. Sie sehen aus der Ferne, wie Atticus vor dem Gefängnis sitzt und Zeitung liest. Jem schlägt vor, dass sie wieder nach Hause gehen, doch in diesem Augenblick fahren vier Autos vor und parken neben dem Gefängnis. Männer steigen aus den Autos aus. Einer davon fordert Atticus auf, sich vom Gefängnis zu entfernen, aber dieser weigert sich. Plötzlich rennt Scout in die Menge, da sie annimmt, die versammelten Männer zu kennen, doch zunächst scheinen sie ihr alle unbekannt. Atticus befiehlt seinem Sohn, nach Hause zu gehen, aber er will nicht. Die Männer sagen, die Kinder sollen binnen fünfzehn Sekunden verschwinden. Scout erkennt in der Gruppe Walter Cunningham, den Vater des Klassenkameraden. Sie spricht ihn an und sagt, er solle seinem Sohn schöne Grüße von ihr ausrichten. Die bedrohliche Stimmung kippt. Die Männer starren sie verdutzt an. Walter Cunningham sagt seinen Begleitern beschämt, sie sollen nach Hause gehen. Nachdem sie verschwunden sind, ruft Mr Underwood, der Inhaber der Lokalzeitung, der von einem Fenster aus – eine Waffe in der Hand – das ganze Geschehen beobachtet hat, Atticus und den Kindern zu. Atticus und Underwood unterhalten sich kurz, dann gehen Atticus und die Kinder nach Hause.

Aufruhr vor dem Gefängnis

sich entfernen: to leave | **binnen:** within | **verdutzt:** baffled (*or*: nonplussed)

Der Beginn des Prozesses

Am nächsten Tag erscheinen Menschen aus ganz Maycomb, um den Prozess zu erleben. Miss Maudie bleibt allerdings dem Trubel fern. Im Gerichtssaal finden die Kinder zunächst keinen Platz, aber Reverend Sykes bietet ihnen in der für Schwarze vorgesehenen Galerie Plätze an. Von hier aus können sie den ganzen Gerichtssaal überblicken.

Der Prozess beginnt. Zunächst befragt der Ankläger, Mr Gilmer, den Sheriff Heck Tate. Tate berichtet, wie er in der Nacht vom 21. November zum Haus von Bob Ewell gerufen worden sei. Er habe dort Mayella vorgefunden, die ihm sagte, sie sei von Tom Robinson vergewaltigt worden. Mayellas rechtes Auge sei übel zugerichtet gewesen.

Der nächste Zeuge, Bob Ewell, sagt aus, er habe am betreffenden Abend Schreie gehört und gesehen, wie Tom Robinson seine Tochter vergewaltigt. Robinson sei geflüchtet, woraufhin Ewell sich um seine Tochter gekümmert habe. Atticus stellt lediglich zwei Fragen: warum kein Arzt gerufen worden sei (dieser sei zu teuer, sagt Ewell) und ob Ewell seinen Namen schreiben könne. Ewell bejaht und schreibt seinen Namen mit der linken Hand. Dies ist wichtig, denn die Verletzungen auf Mayellas rechter Gesichtshälfte stammen wahrscheinlich von einem Linkshänder.

Kapitel 18 und 19: Mayella Ewell wird von Mr Gilmer befragt. Sie ist eine trotz ihrer großen Armut gut ge-

Gerichtssaal: courtroom

pflegte junge Frau. Beim Beantworten der Fragen hat sie Schwierigkeiten, klare Aussagen zu treffen. Sie erzählt, sie habe Tom gerufen und ihm Geld angeboten, damit er ihr hilft, ein Möbelstück auseinanderzunehmen. Einmal im Haus, habe er sie angegriffen und missbraucht. Atticus bringt ans Tageslicht, dass Mayellas Leben sehr schwer ist: Sie hat sieben Geschwister und ihr Vater ist Trinker. Atticus fragt dann, warum sie nicht um Hilfe geschrien und mehr Widerstand geleistet habe und wie es sein könne, dass vor allem ihre rechte Gesichtshälfte Verletzungen aufweist, während der Beschuldigte infolge eines Arbeitsunfalls vor vielen Jahren mit seinem linken Arm nichts anfangen kann. Er legt nahe, es habe keine Vergewaltigung stattgefunden; vielmehr habe ihr eigener Vater sie geschlagen. Mayella schreit Atticus an und erklärt dem ganzen Gerichtssaal, dass nur Feiglinge Tom Robinson freisprechen würden. Sie bricht in Tränen aus und beantwortet keine weiteren Fragen. In der kurzen Pause bemerkt Mr Underwood die Kinder auf der Galerie, behält das aber für sich.

■ Mayella Ewells Aussage

Der Beschuldigte, Tom Robinson, wird befragt, erst von Atticus, anschließend von Mr Gilmer. Er sagt, er habe oft kleine Aufgaben für Mayella erledigt. An dem betreffenden Abend habe sie ihn darum gebeten, eine Tür zu reparieren. Einmal im Haus, sei ihm aufgefallen, dass die Tür in Ordnung war und keines der Geschwister da gewesen sei. Mayella habe

■ Tom Robinsons Aussage

etw. ans Tageslicht bringen: to bring s.th. to light **Feigling:** coward

ihn umarmt und ihn küssen wollen. Dann sei ihr Vater aufgetaucht, der sie eine »Hure« genannt und ihr mit dem Tod gedroht habe. Tom sei davongelaufen.

Link Deas, der früher Tom beschäftigt hatte, äußert sich plötzlich, um diesem einen guten Charakter zu bescheinigen, und wird daraufhin des Saals verwiesen. Die Befragung durch Mr Gilmer beginnt mit dem Hinweis, dass Tom schon einmal wegen Ruhestörung verhaftet worden sei. Tom muss unter dem Druck der Befragung zugeben, dass er trotz seines verletzten Arms die Kraft hätte, eine Frau zu erwürgen. Gilmer hinterfragt hartnäckig die Beweggründe für Toms Hilfsbereitschaft, bis Tom zugibt, Mayella habe ihm leidgetan. Ein Raunen geht durch den Gerichtssaal (denn Schwarze sollten mit Weißen kein Mitleid haben). Gilmer sagt, dass Tom lügt. Dill erträgt die Behandlung Toms durch Mr Gilmer nicht und verlässt mit Scout den Saal. Draußen begegnen sie Mr Dolphus Raymond, einem wohlhabenden Weißen, der mit schwarzer Partnerin und den gemeinsamen Kindern zusammenlebt.

Kapitel 20 und 21: Dill und Scout unterhalten sich mit Dolphus Raymond, der aus einer Flasche trinkt, die er in einer Papiertüte versteckt hält. Er lässt Dill daraus trinken – es ist kein Alkohol, wie die Kinder zunächst annahmen, sondern einfach nur Cola. Ray-

Ruhestörung: disturbing the peace | **etw. hinterfragen:** to question s.th. | **hartnäckig:** persistent | **Beweggründe:** motives

mond täuscht Alkoholismus vor, damit sich die anderen Weißen seine Liebe zu einer schwarzen Frau erklären können.

Dill und Scout kehren in den Gerichtssaal zurück und hören, wie Atticus seine Verteidigung abschließt. Er wendet sich an die Jury. Er weist darauf hin, dass keine medizinischen Beweise für eine Vergewaltigung vorliegen und dass die Anklage auf den Aussagen zweier unzuverlässiger Zeugen beruht. Zudem scheint es klar, dass Mayellas Verletzungen nicht von Tom Robinson verursacht worden sind. Atticus präsentiert seine Theorie: Die unglückliche Mayella habe bei dem Schwarzen Tom Robinson Liebe gesucht. Da dies eine Schande sei, versuche sie dies nun durch den Vorwurf der Vergewaltigung ungeschehen zu machen. Er bittet schließlich um Gerechtigkeit und um einen Freispruch für Tom Robinson. Nach Beendigung seines Plädoyers kommt Calpurnia in den Gerichtssaal. Sie überreicht Atticus einen Zettel, auf dem steht, dass die Kinder seit Mittag zu Hause vermisst würden. Atticus wird auf die Kinder im Gerichtssaal aufmerksam gemacht, und Calpurnia begleitet sie nach Hause. Die Kinder beeilen sich mit dem Abendessen, denn sie wollen zurück in den Saal, um das Urteil zu hören. Jem ist zuversichtlich, dass es einen Freispruch geben wird. Dill schläft inzwischen ein. Um elf Uhr abends ist es so weit: Die Jury ver-

Atticus' Plädoyer und Robinsons Verurteilung

medizinische Beweise: medical evidence | **Schande:** disgrace | **Freispruch:** acquittal | **Plädoyer:** *hier*: closing argument

kündet ihr Urteil – und spricht Tom Robinson schuldig. Als Atticus den Saal verlässt, erheben sich die Schwarzen als Zeichen ihrer Hochachtung.

Kapitel 22 und 23: Jem ist sehr unglücklich über das Ergebnis des Prozesses. Am nächsten Tag bringen die Schwarzen den Finchs Lebensmittel als Geschenke vorbei. Atticus ist darüber sehr gerührt. Draußen versucht Miss Stephanie Crawford, die Kinder zum Prozess auszufragen. Miss Maudie rettet die Kinder, indem sie sie zum Kuchen einlädt. Jem beklagt sich darüber, dass er die Bewohner Maycombs für die besten Menschen der Welt gehalten habe, dass dem aber offensichtlich nicht so ist. Maudie weist darauf hin, dass es durchaus Menschen in Maycomb gäbe, die Tom Robinson helfen wollten, zum Beispiel den Richter, der statt des üblichen öffentlich bestellten Anwalts Atticus einsetzte. Und sie sagt, es sei ein gutes Zeichen, dass die Jury so lange gebraucht habe, um sich zu beraten. Als die Kinder das Haus verlassen, eilt Miss Stephanie herbei, um ihnen zu berichten, dass Bob Ewell am Vormittag Atticus bespuckt und Rache geschworen habe.

■ Bob Ewells Rachegelüste

Alle machen sich Sorgen wegen dieser Drohung – nur Atticus nicht. Er meint, es sei nun alles überstanden. Alexandra und die Kinder sind dennoch besorgt. Atticus ist optimistisch, dass Tom, der in ein anderes Gefängnis verlegt worden ist, bei einer Revision frei-

Hochachtung: (deep) respect | **dem ist nicht so:** that is not the case | **Revision:** appeal

gesprochen wird. Scout fragt Atticus, was passieren würde, wenn das nicht geschehe: Atticus' Antwort: Tom wird hingerichtet.

Jem und Atticus diskutieren darüber, ob die Todesstrafe für Vergewaltiger gerecht ist. Jem fragt sich, wie die Jury Tom schuldig sprechen konnte. Atticus meint, wenn die Jury aus Kindern bestanden hätte, wäre Tom nun ein freier Mann. In Alabama gelte im Übrigen das Wort eines Weißen mehr als das Wort eines Schwarzen. Atticus findet es bereits bemerkenswert, dass die Jury so lange gebraucht hat, um eine Entscheidung zu treffen. Ja, einer – es war einer der Cunninghams – wollte Tom sogar zunächst freisprechen. Als Scout dies hört, will sie den jungen Walter Cunningham zum Essen einladen, aber Aunt Alexandra ist strikt dagegen: Der Umgang mit solchen Leuten kommt ihrer Meinung nach für die Familie Finch nicht in Frage. Scout ist erzürnt und beginnt zu weinen, woraufhin sie Jem mit in sein Zimmer nimmt. Die beiden diskutieren Rasse, Klasse und andere Probleme anhand der Frage, warum Alexandra die Cunninghams verachtet, die wiederum auf die Ewells herabschauen, die ihrerseits die Schwarzen hassen. Jem kommt zum Schluss, dass Boo Radley wohl im Haus bleibt, weil er das Haus einfach nicht verlassen will, um nichts mit dieser Gesellschaft zu tun haben zu müssen.

Diskussionen über Recht und Rasse

Todesstrafe: death-penalty

Kapitel 24 bis 26: Die Maycomb Missionary Society ist bei Aunt Alexandra zu Besuch. Scout, ausnahmsweise im Kleid, hilft Calpurnia bei der Bewirtung. Alexandra bittet Scout, sich zu den Damen zu setzen. Das Gespräch des Missionskreises dreht sich unter anderem darum, dass sich die schwarzen Bediensteten seit dem Prozess angeblich schlecht benehmen. Miss Maudie reagiert verärgert und beendet die Diskussion.

Tom Robinsons Flucht und Tod

Plötzlich taucht Atticus auf. Er bittet Alexandra in die Küche, wo er ihr, Calpurnia, Scout und Miss Maudie berichtet, dass Tom Robinson beim Versuch, aus dem Gefängnis zu entkommen, erschossen worden ist. Er sei von siebzehn Kugeln getroffen worden. Atticus will zu Toms Frau fahren, um ihr diese schlimme Nachricht zu überbringen, und bittet Calpurnia darum, ihn zu begleiten. Alexandra fragt Miss Maudie, da sie erkennt, dass es Atticus sehr schlecht geht, wie Maycomb es zulassen kann, dass Atticus im Kampf für Gerechtigkeit zugrunde geht. Maudie antwortet, man setze großes Vertrauen in ihn. Sie kehren zu den Mitgliedern des Missionskreises zurück und tun so, als wäre nichts geschehen.

Es ist Anfang September. Als Scout vor dem Haus eine Assel, die sie als Ungeziefer ansieht, töten will, sagt Jem, es sei falsch, harmlose Tiere zu töten. Sie bemerkt daraufhin, nicht sie selbst, sondern Jem werde immer mädchenhafter. Sie erinnert sich nun daran,

Bediensteter: servant

was Dill ihr erzählt hatte, nämlich dass Jem und Dill mit zu Helen Robinsons Haus gefahren seien, als Atticus ihr die Nachricht von Toms Tod überbrachte. Sie hätten gesehen, wie Helen zusammengebrochen sei, noch bevor Atticus überhaupt mit ihr sprechen konnte. In Maycomb ist der Tod Tom Robinsons Stadtgespräch. Allgemein hält man es für typisch, dass ein Schwarzer einen aussichtslosen Fluchtversuch unternimmt. In der Lokalzeitung schreibt Mr Underwood einen Bericht, in dem er Toms Tod mit dem sinnlosen Schlachten von Singvögeln vergleicht. Bob Ewell soll gesagt haben, nach Toms Tod müssten noch zwei weitere folgen.

Ein neues Schuljahr

Ein neues Schuljahr beginnt. Das bedeutet, dass die Kinder wieder jeden Tag am Radley-Haus vorbeigehen müssen. Sie haben nun keine Angst mehr vor dem Haus, aber Scout wünscht sich immer noch, Boo Radley einmal sehen zu können. Scout ist in der Schule überrascht, als die Lehrerin Miss Gates über die Judenverfolgung in Deutschland berichtet und diese verurteilt, wobei sie zugleich die Vereinigten Staaten als frei von Vorurteilen bezeichnet. Scout hatte nämlich gehört, wie Miss Gates nach dem Prozess schlecht über die Schwarzen sprach. Sie fragt Jem, wie das alles zusammenpasst und sein kann. Jem reagiert verärgert und sagt Scout, sie solle nicht mehr über den Prozess sprechen. Scout sucht daraufhin Trost bei Atticus, der ihr erklärt, dass Jem Zeit brauche, um mit der ganzen Sache zurechtzukommen.

mit etw. zurechtkommen: to come to terms with s.th.

Kapitel 27 bis 29: Mitte Oktober bekommt Bob Ewell eine Arbeit im Rahmen einer staatlichen Maßnahme. Er verliert die neue Stelle bald und gibt Atticus dafür die Schuld. Bei Judge Taylor wird eingebrochen. Wahrscheinlich ist Ewell der Täter. Dieser bedroht auch Helen Robinson. Mr Link Deas, der Helen Arbeit gegeben hat, warnt Ewell, er solle sie in Ruhe lassen, was dieser schließlich auch tut. aber Alexandra ist beunruhigt, da Ewell offensichtlich jeden, der am Prozess beteiligt war, im Visier hat.

Am letzten Oktobertag wird in der Schule ein Halloweenfest organisiert. Bei einer Aufführung von Scouts Klasse soll jedes Kind ein für Maycomb typisches Nahrungsmittel darstellen. Scout soll einen Schinken spielen. Atticus und Alexandra sind zu müde, um an der Veranstaltung teilzunehmen, und bleiben zu Hause. Jem begleitet Scout zum Fest. Es ist stockdunkel auf dem Weg dorthin. Cecil Jacobs jagt Jem und Scout aus Spaß einen Schreck ein, in dem er aus dem Dunkeln in ihren Weg springt. In der Schule schauen Cecil und Scout gemeinsam das Geisterhaus der 7. Klasse an und kaufen Süßigkeiten. Kurz vor dem Beginn der Aufführung versammeln sich die Kinder hinter der Bühne. Scout schläft aber ein und verpasst ihren Auftritt. Sie rennt zum Schluss auf die Bühne, was Gelächter hervorruft. Die Lehrerin wirft Scout vor, die ganze Aufführung ruiniert zu haben. Scout

staatliche Maßnahme: state measure (*or*: measure taken by the state) | **jdm. einen Schreck einjagen:** to give s.o. a fright

schämt sich und wartet hinter der Bühne mit Jem, um erst dann nach Hause zu gehen, wenn alle anderen den Saal verlassen haben. Auf dem Weg nach Hause hören sie seltsame Geräusche. Zunächst vermuten sie, dass Cecil sie erneut erschrecken will, aber auf ihr Rufen antwortet niemand. Kurz bevor sie die beleuchtete Straße erreichen, in der ihr Haus steht, bemerken sie, dass ihr Verfolger auf sie zurennt. Jem ruft Scout zu, sie solle davonlaufen, aber ihr Kostüm hindert sie hieran, und sie stürzt. Sie spürt, wie sie angegriffen wird, hört Geräusche eines Kampfes und schließlich ein dumpfes Knirschen. Jem schreit. Scout sucht nach Jem, kann jedoch in der Dunkelheit nur einen unrasierten Mann ausmachen, der auf dem Boden liegt und nach Whisky riecht. Scout stolpert nach Hause. Vor sich kann sie eine Gestalt ausmachen, die Jem nach Hause trägt. Um wen es sich dabei handelt, kann sie nicht erkennen.

■ Jem und Scout werden angegriffen

Sheriff Heck Tate wird herbeigerufen. Er findet Bob Ewell tot auf. Er ist offenbar erstochen worden. Scout erzählt ihm, was passiert ist, woraufhin Tate allen Anwesenden ihr Kostüm zeigt, das er auf der Straße gefunden hat. Es wurde offensichtlich durch ein Messer beschädigt. Scout versteht schließlich, wer sie und Jem gerettet hat – es ist Boo Radley.

■ Boo Radley – Retter in der Not

Scout und Boo sitzen auf der Veranda und hören, wie sich Atticus und Heck streiten. Heck besteht darauf, den Tod Bob Ewells als Unfalltod zu behandeln.

unrasiert: unshaven | **Unfalltod:** accidental death

Aber Atticus, im Glauben, sein Sohn habe Ewell getötet, wünscht, dass sich Jem vor dem Gesetz verantwortet, um dann für unschuldig erklärt zu werden. Doch Heck beharrt darauf, dass Ewell auf sein Messer gefallen sei, denn er weiß, dass Boo Radley – und nicht etwa Jem – Ewell getötet hat. Tom Robinson sei grundlos gestorben; und nun sei der hierfür Verantwortliche auch tot.

Ausgleichende Gerechtigkeit?

Kapitel 31 bis 31: Doktor Reynolds untersucht Jem, der Schmerzmittel bekommen hat und nun schläft. Scout begleitet Boo in Jems Zimmer. Boo schaut den Jungen genau an und streicht ihm über den Kopf. Dann bittet er Scout, ihn nach Hause zu begleiten. Scout blickt zurück auf das Geschehene und versetzt sich dabei in Boos Perspektive. Sie denkt über Atticus Worte nach, man verstehe andere Menschen am besten, wenn man sich in sie hineinversetze. Scout geht nach Hause, wo ihr Atticus aus dem Buch *The Grey Ghost* vorliest. Bald schläft sie ein.

Das Ende des Romans

auf sein Messer fallen: to fall on his knife

3. Figuren

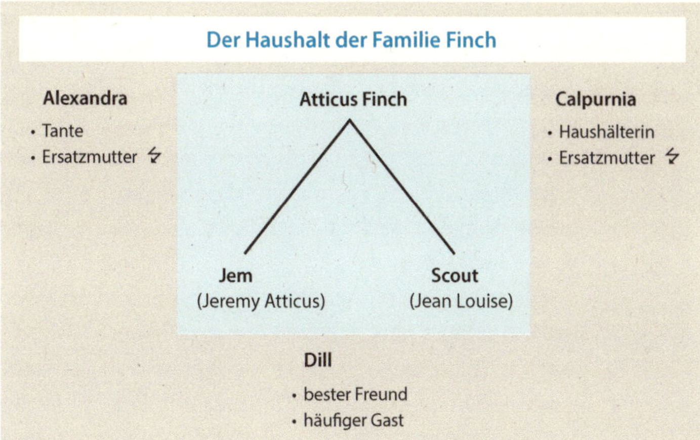

Abb. 1: Die Familie Finch. Rivalität zwischen Aunt Alexandra und Calpurnia

Scout (Jean Louise) Finch

Die Erzählerin von *To Kill a Mockingbird* ist die Tochter des Anwalts Atticus Finch. Sie wird Scout genannt. Sie ist burschikos, intelligent und eine sehr genaue Beobachterin ihres Umfelds. Sie ist auch, wie mehrere Episoden im Roman belegen, streitsüchtig und wird schnell handgreiflich. Sie glaubt noch in kindlich naiver Weise an das Gute im Menschen, aber

■ Scout – die kindliche Erzählerin

burschikos: tomboy | **streitsüchtig:** quarrelsome | **handgreiflich:** violent

im Laufe der Handlung wird dieser Glaube zunehmend in Frage gestellt.

Scout ist noch ein Kind (zu Beginn des Romans ist sie sechs, am Ende gerade einmal neun Jahre alt) und sucht noch immer Trost bei ihrem Vater. Doch in einem der letzten Kapitel des Romans bemerkt Atticus, dass Scout langsam zu groß geworden ist, um auf seinem Schoß Platz zu finden (»You're getting so big now«, S. 272). Dies ist das äußere Zeichen einer inneren Entwicklung.

Scout kann schon vor ihrer Einschulung lesen. Aber sie ist mehr als eine fleißige Leseratte. So besitzt sie offenbar die Fähigkeit, Informationen aufzusaugen. Dies geschieht gelegentlich mit komischer Wirkung, da sie die Dinge, die sie wiedergibt (wie etwa den juristischen Fachbegriff »Champertous connivance« S. 182), noch nicht vollständig begreift. In einer Schlüsselszene des Romans spielt diese Fähigkeit eine wichtige Rolle: So gelingt es ihr, Mr Cunningham davon abzuhalten, Atticus anzugreifen, indem sie Inhalte zu Themen wiedergibt, die gar nicht kindgerecht sind und die sie selbst vermutlich noch nicht versteht (»entailments are bad« S. 169). Sie spricht dieses Thema intuitiv an, um Mr Cunningham klarzumachen, dass er eine langjährige Beziehung zu Atticus hat, der ihn in dieser Angelegenheit berät. Cunninghams Vorhaben, Tom Robinson gegen den Widerstand Atticus' zu töten, ist mit dieser langjährigen Beziehung unver-

Schlüsselszene vor dem Gefängnis

Leseratte: bookworm

einbar. Gekoppelt mit der Bitte, seinem Sohn, Walter, schöne Grüße auszurichten, die zusätzlich Nähe und Vertrautheit herstellt, ist die Wirkung des jungen Mädchens unwiderstehlich. Mr Cunningham lässt Atticus in Frieden.

Zugleich ist Scout jähzornig und immer, wenn sie sich oder auch andere ungerecht behandelt glaubt, bereit, ihre physische Stärke einzusetzen – einmal geschicht das mit solcher Wucht, dass sie Francis beinahe einen Zahn ausschlägt und sich selbst am Knöchel verletzt (S 93). Selbst auf eine spitze Bemerkung ihres Freundes reagiert sie mit Gewaltdrohungen: »Dill if you don't hush I'll knock you bowlegged« (S. 40). Positiv gewendet ist Scout ein furchtloses Kind. Sie scheut sich nicht, sich auch gegenüber Erwachsenen, wie etwa gegenüber Onkel Jack, zu rechtfertigen (S. 95), um so zu ihrem Recht zu kommen und ihre eigenen Interessen zu verteidigen – auch wenn sie die Zusammenhänge in der Erwachsenenwelt im Einzelnen noch nicht begreifen kann. Diese Furchtlosigkeit, die oftmals von einem ausgeprägten Gerechtigkeitssinn angetrieben ist, stellt in diesem Sinne eine soziale Kompetenz dar, die Scout mehrfach intuitiv richtig einsetzt.

Über Scouts Zukunft erfahren wir nichts – nur, dass sie Boo Radley nie wiedergesehen hat.

unwiderstehlich: irresistable

Atticus Finch

Atticus Finch – die Hauptfigur

Der verwitwete 50-jährige Anwalt Atticus Finch ist der Vater der Erzählerin und die eigentliche Hauptfigur des Romans. Er entstammt einer alten Maycomber Familie – er ist »related by blood or marriage to nearly every family in town« (S. 5) – und hat dort sein ganzes Berufsleben lang als Anwalt gearbeitet. Seine Familiengeschichte ist insofern wichtig, als Atticus der Erste ist, der mit der Tradition bricht und nicht das Familienanwesen übernimmt, auf dem Baumwollanbau betrieben wird, sondern stattdessen ein Studium aufnimmt. Seine traditonsbewusste Schwester Alexandra wohnt dagegen noch auf dem Familienanwesen »Finch's Landing«.

Atticus liebt Maycomb und seine Einwohner trotz ihrer vielen Schwächen und Vorurteile. So ist er in der Lage, selbst die gehässige Mrs Dubose zu respektieren, da sie beim Versuch, ihre Schmerzmittelabhängigkeit zu überwinden, Mut beweist. Er bewundert ihre innere Stärke angesichts dieser großen Herausforderung. Seine Beschreibung ihrer Einstellung ist dabei eine ziemlich genaue Beschreibung seiner eigenen Einstellung, mit der er den Gerichtsprozess verfolgt: »when you know you're licked before you begin but you begin anyway and you see it through no matter what« (S. 124).

Berufsleben: professional life | **Einstellung:** attitude

Atticus ist nicht wohlhabend, aber die Familie kann sich im Vergleich zu vielen anderen Bewohnern Maycombs doch einiges leisten. Er ist hochintelligent, weise und genießt unter fast der gesamten Bevölkerung hohen Respekt. Bei der Erziehung seiner Kinder legt er sehr viel Wert auf moralisches Verhalten, Gerechtigkeit und Ehrlichkeit. Er versucht seinen Kindern beizubringen, sich nicht mit Gewalt zu wehren, wenn sie beleidigt werden. Als Vater ist er sehr auf Calpurnia angewiesen, die die Kinder erzieht und sich um den Haushalt kümmert. Er ist ein liebevoller, aber gleichzeitig strenger Vater. Seine Beziehung zu seinen Kindern zeichnet sich auch durch eine gewisse Distanz aus: Es ist von »courteous detachment«(S. 6) und »amiable silence« (S. 32) die Rede.

■ Moral, Gerechtigkeit und Ehrlichkeit

Atticus ist mit seinen fast 50 Jahren etwas älter als die Eltern anderer Kinder. Die Tatsache, dass er im Büro arbeitet, ist aus Sicht seiner eigenen Kinder wenig bewundernswert (im Zusammenhang mit seiner Tätigkeit im Parlament erscheint in der Lokalzeitung eine Karikatur, die ihn angekettet an einen Schreibtisch zeigt, S. 128). Seine einzige Freizeitbeschäftigung scheint das Lesen zu sein. Selbst als er vor dem Gefängnis Wache hält, in einer potentiell bedrohlichen Situation also, vertieft er sich in eine Zeitung und zeigt so angesichts einer drohenden Gefahr große Gelassenheit. Bezeichnenderweise endet der erste

wohlhabend: well-to-do | **Freizeitbeschäftigung:** free-time activity, hobby

Teil (S. 124) des Romans auch damit, dass Atticus, der ruhende Pol der Familie, Zeitung liest.

Seine Handlungen sprechen Bände. Er bringt sich selbst in Gefahr, um Tom Robinson vor dem Mob zu retten. Als Vater und Erzieher leitet er seine Kinder dazu an, sich in die Lage anderer Menschen zu versetzen (Empathie). Er erschießt einen Hund, um die Gemeinschaft vor dem tollwütigen Tier zu bewahren. Diese Episode versinnbildlicht zugleich die Abhängigkeit des Orts von Atticus, der dessen Bewohner nicht nur vor Bedrohungen von außen, sondern auch vor sich selbst schützen muss. Er ist der Meinung, dass jeder Mensch respektvoll zu behandeln ist.

Ein Vorreiter der Anti-Rassismus-Bewegung?

Zum Rassismus äußert sich Atticus nicht explizit, und es wäre verkehrt, in ihm einen Vorreiter der Anti-Rassismus-Bewegung sehen zu wollen. Im Gegenteil, man kann davon ausgehen, dass Atticus (wie übrigens Harper Lees Vater und die meisten Südstaaten-Amerikaner seiner Generation) ein bedingter Befürworter der Segregation (Rassentrennung) war. In vieler Hinsicht ist er ja ein konservativer Geist. Atticus' Unzufriedenheit mit dem Ausgang des Prozesses gilt in erster Linie der Tatsache, dass ein Mann allein aufgrund von Indizien verurteilt wurde. Die Todesstrafe für Vergewaltigung hält er dagegen für richtig (S. 242). Er verurteilt den Rassismus nicht pauschal, sondern sorgt sich in erster Linie um sein eige-

ein ruhender Pol: a calming influence | **Bände sprechen:** to speak volumes | **Segregation:** segregation | **Ausgang:** *hier*: outcome nes Betätigungsfeld, nämlich das bestehende Rechtssystem (das zu ändern er im Übrigen wenig Hoffnung hat), und plädiert dafür, dass alle, also auch die Schwarzen, vor dem Gesetz gleich behandelt werden (S. 243).

Atticus ist keinesfalls perfekt. Seine Entscheidung, in Absprache mit Heck Tate die Umstände von Bob Ewells Tod zu verschweigen, ist, gemessen an seinen eigenen hohen Standards, äußerst fragwürdig. Und als Einziger verkennt er den Ernst der Lage, als Bob Ewell nach dem Prozess ihm droht und ihn anspuckt. Dieses Fehlurteil hätte seinen Kindern fast das Leben gekostet.

Jem (Jeremy Atticus) Finch

Jem ist Scouts um vier Jahre älterer Bruder. Zu Beginn des Romans unternehmen sie noch viele Abenteuer gemeinsam. Doch im Verlauf der Handlung kommt Jem in die Pubertät und nimmt daher nicht mehr so häufig an den Spielen teil, die die Geschwister im vorangegangenen Sommer noch verbunden hatten.

■ Jem – zwischen Kindheit und Pubertät

In vieler Hinsicht ist Jem ein typischer amerikanischer Junge. Er träumt davon, Football zu spielen, und hat Spaß an Mutproben (die er nie ablehnt). Er möchte in die Fußstapfen seines Vaters treten und Anwalt werden, obwohl sein Glaube an das Rechtssystem

für etw. plädieren: to pleade for s.th. | **fragwürdig:** questionable | **Pubertät:** puberty

durch den Prozessausgang erschüttert wird. Diese Erschütterung weckt in ihm den Willen, die Dinge besser zu begreifen und auch zu ändern, weshalb er mit Atticus Gespräche zu schwierigen rechtlichen und moralischen Fragen führt (S. 242).

Gerade weil Jem älter ist und mehr begreift als seine kleine Schwester, fällt es ihm schwerer, die Ereignisse rund um Tom Robinsons Verurteilung zu verarbeiten. Der Ausgang des Prozesses ist für ihn traumatisch: Ihm fehlt die Gelassenheit, mit der Scout reagiert, und er droht aus dem Gleichgewicht zu geraten. Gleichzeitig fängt er an, die Welt mit anderen Augen zu sehen. Er entwickelt ein moralisches Bewusstsein, was folgende Episode verdeutlicht: In Kapitel 25 hält Jem Scout davon ab, eine Kugelassel zu töten, weil sie ihr schließlich nichts tue (»because they don't bother you«, S. 263). Es ist bedeutsam, dass diese Aufforderung, unschuldiges Leben, und sei es auch nur ein Insektenleben, zu achten und zu schützen, unmittelbar der Nachricht von Tom Robinsons Tod folgt.

■ Jems Moralbewusstsein

Jem wird die Spuren der Auseinandersetzung mit Bob Ewell für den Rest seines Lebens mit sich tragen, psychisch und physisch. Symbol hierfür ist sein gebrochener Arm, der auch an die Ungerechtigkeit erinnert, die Tom Robinson widerfahren ist.

traumatisch: traumatic | **aus dem Gleichgewicht geraten:** to lose one's (emotional) balance | **bedeutsam:** significant

Calpurnia

Calpurnia, genannt Cal, ist die schwarze Köchin der Familie Finch (sie war bereits vor dem Tod der Mutter im Haushalt angestellt). Aber sie ist mehr als eine Haushaltshilfe. Im Gegensatz zu den meisten Schwarzen kann sie lesen und schreiben. Diese Fähigkeit gibt sie auch an ihren Sohn weiter, der so Vorsänger seiner Kirchengemeinde werden kann. Calpurnia kommt auch eine wichtige Rolle als Erzieherin bzw. Ersatzmutter der beiden Kinder zu. Sie bezeichnet Scout und Jem als »ihre Kinder«: »I don't want anybody sayin' I don't look after my children« (S. 130). In ihrer Rolle als Erzieherin zeichnet sie sich durch eine gewisse Strenge aus, und gerade zwischen ihr und Scout kommt es oft zu Konflikten. Sie hat keine Mühe, ihre Rolle in der weißen Familie auszufüllen und zugleich in der Welt der Schwarzen zu Hause zu sein. Erst im Laufe der Handlung wird Scout bewusst, wie anders Calpurnias Leben außerhalb des Haushaltes der Familie Finch ist. Calpurnia bildet eine Brücke zwischen der Welt der Weißen und der Welt der Schwarzen.

■ Calpurnia und ihre Rolle in der Familie

Aunt Alexandra

Aunt Alexandra ist Atticus' ältere Schwester. Sie kommt im Sommer des Prozesses nach Maycomb und fühlt sich dort gleich wohl (»fitted into the world of

Ersatzmutter: substitute mother

Maycomb like a hand into a glove«, S. 145). Sie will in die Führung des Haushalts und in die Erziehung der Kinder eingreifen und gerät daher schnell mit Calpurnia in Konflikt. Sie bringt bislang unbekannte Veranstaltungen ins Haus: »tea parties« und »missionary circles«. Gleichzeitig nimmt sie sich vor, aus Scout eine junge Dame zu machen. Scout ist alles andere als dankbar für diese Einmischung, doch im Laufe des Sommers kommen sie sich beide näher und lernen einander zu respektieren.

Traditionen und Familiensinn

Aunt Alexandra besitzt einen sehr stark ausgeprägten Familiensinn, wobei sie sehr viel Wert auf Tradition legt. Bezeichnenderweise praktiziert Aunt Alexandra in gewisser Weise Segregation im eigenen Haus, indem sie Scout ausgrenzt. So besteht sie darauf, dass Scout allein an einem separaten Tisch Platz nehmen soll, während Jem und Francis mit den Erwachsenen essen dürfen.

Trotz dieser negativen Eigenschaften erkennt Aunt Alexandra allerdings richtig, dass sich Ewell an Atticus rächen wird. Atticus selbst, dessen Gebot der Empathie als Richtlinie für das Verhalten Scouts gilt, ist nicht in der Lage, die Gefahr, die von Ewell ausgeht, angemessen einzuschätzen.

mit jdm. in Konflikt geraten: to come into conflict with s.o. | **Familiensinn:** sense of family | **Gebot:** dictate [/ˈdɪkteɪt/]

Dill (Charles Baker) Harris

Dill ist der beste Freund von Scout und Jem. Als Scout sechs Jahre alt ist, kommt er zum ersten Mal nach Maycomb, um dort drei Monate bei seiner Tante zu verbringen. Er selbst ist sieben Jahre alt. Wie Scout ist er ein sehr aufgewecktes Kind, und er kann auch schon lesen, bevor er die Schule besucht. Er verbringt insgesamt drei Sommer bei Scout und Jem und erlebt mit ihnen gemeinsam einige Abenteuer. Sein Aussehen ist ungewöhnlich: sein schneeweißes Haar und seine geringe Größe lassen ihn auffallen. Er erzählt gerne Geschichten, lügt spontan und überzeugend und lacht gerne. Unter dieser lebhaften Oberfläche verbirgt sich allerdings ein einsames Kind, das aus zerrütteten Familienverhältnissen stammt und zwischen Verwandten hin- und hergeschoben wird. Mit diesem Unglück hängt wohl seine Neigung zusammen, in Phantasien und exzentrischen Plänen Zuflucht zu suchen.

■ Dill – der beste Freund

Boo (Arthur) Radley

Sein Spitzname ist vielsagend. Boo, der geheimnisvolle Nachbar der Finchs, gleicht einem Gespenst. Zu Beginn der Handlung ist er vermutlich ungefähr 40 Jahre alt. Über ihn werden viele Geschichten erzählt.

■ Boo – ein sprechender Name

aufgeweckt: bright | **zerrüttete Familienverhältnisse:** a broken home | **vielsagend sein:** to say a lot | **geheimnisvoll:** mysterious

So soll er als Teenager zusammen mit seinen Freunden öffentliches Ärgernis erregt haben und deshalb von seinem strenggläubigen Vater, einem Baptisten, jahrelang im Haus eingesperrt worden sein. Diesen soll er dann im Alter von 33 Jahren mit einer Schere verletzt haben (S. 12), weshalb er kurz im Keller des Rathauses gefangen gehalten, dann aber wieder nach Hause gebracht wurde. Seitdem wurde er nicht mehr in der Öffentlichkeit gesehen. Im Verlauf der Handlung stirbt Boos Vater, und sein älterer Bruder nimmt dessen Platz ein. Allein schon vor dem Haus der Radleys haben die Kinder große Angst. Obwohl sie Boo nie gesehen haben, stellen sie sich ihn als Monster vor. Gleichzeitig sind sie aber so neugierig, dass sie versuchen, ihn zu Gesicht zu bekommen. Was sie nicht wissen: Boo beobachtet sie wohl die ganze Zeit und schließt sie in sein Herz.

■ Seine Funktion innerhalb des Romans

Boo Radley kommt innerhalb des Romans eine wichtige Funktion zu, denn am Verhalten der Kinder ihm gegenüber wird deutlich, wie sie sich verändern und schrittweise in der Lage sind, sich eine eigene, unabhängige Meinung zu bilden. Am Anfang wird er als eine Art Schreckgespenst gezeichnet. Doch aufgrund der Geschenke, die er den Kindern hinterlässt, durch die Reparatur von Jems Hose und durch die Decke, die er um Scouts Schultern legt, erscheint er zunehmend menschlich. Schließlich rettet er Scout und Jem vor dem Angriff Bob Ewells. Am Schluss ist

ins Herz schließen: to take s.o. to one's heart

er keine Projektionsfläche mehr für die irrationalen Ängste der phantasievollen Kinder, keine Quelle absurder Gerüchte, die von Kleingeistern wie Stephanie Crawford verbreitet werden, sondern erscheint als ein Mensch, der an der schlechten Behandlung durch seinen Vater zugrunde gegangen ist, aber trotz allem im Kern ein guter Mensch bleibt. Sein liebevoller Umgang mit den Kindern lässt daran keinen Zweifel. Am Ende des Romans erkennt Scout, dass Boo in Wirklichkeit ein schüchterner, sanfter Mensch ist.

Ist Boo ein ›mockingbird‹?

Man hat Boo Radley zu den *mockingbirds* im Roman gezählt, zu jener Gruppe von Menschen also, die unschuldig durch das Handeln anderer Schaden nehmen und zugrunde gerichtet werden. Zugleich ist es jedoch aber an späterer Stelle im Roman auch so, dass Boo gerade durch die Entscheidung Heck Tates, ihn nicht als Mörder zu identifizieren, dieses Schicksal erspart bleibt. Die Überlegungen des Sheriffs sind dabei die folgenden:

> To my way of thinkin', Mr. Finch, taking the one man who's done you and this town a great service an' draggin' him with his shy ways into the limelight – to me, that's a sin. It's a sin and I'm not about to have it on my head. If it was any other man, it'd be different. But not this man, Mr. Finch. (S. 304)

identifizieren: to identify

Es ist kein Zufall, dass hier das Wort »sin« zweimal fällt. So erinnert diese Textstelle an die Worte Atticus', der, zur Verwunderung seiner Tochter, auch von einer Sünde gesprochen hatte, als er Jem erklärte, dass, man *mockingbirds* nicht töten dürfe (»Shoot all the bluejays you want, if you can hit 'em, but remember it's a sin to kill a mockingbird«, S. 99). Tate möchte Boo in Schutz nehmen, so wie Atticus die *mockingbirds* schützen möchte. Am Ende des Romans formuliert Scout diesen Gedanken sogar selbst. Auch sie glaubt, dass es eine Sünde wäre, Boo Radley ein Leid zuzufügen (»Well, it'd be sort of like shootin' a mockingbird, wouldn't it?«, S. 304). So erscheint er als ein *mockingbird*, als ein unschuldig zu Schaden gekommenes Wesen, das zum Schluss aber doch geschont und beschützt wird (vgl. Kap. 4, S. 66).

Tom Robinson

Der Schwarze Tom Robinson wird der Vergewaltigung einer weißen Frau bezichtigt. Robinson ist ein starker, attraktiver Mann. Er ist verheiratet und hat drei Kinder. Als Folge eines Unfalls in seiner Kindheit kann er seinen linken Arm nicht benutzen. Dass er deswegen unmöglich das Verbrechen hätte begehen können, wird jedoch von der Jury ignoriert, und er wird unschuldig zum Tode verurteilt. Bei seinem Versuch, aus dem Gefängnis zu fliehen, wird er

jdn. in Schutz nehmen: to protect s.o.

schließlich erschossen. Tom ist somit ebenfalls ein *mockingbird*: Als zu Unrecht verurteilter, hilfsbereiter und sympathischer Mensch steht er symbolhaft für die Unschuld an sich, die am menschlichen Handeln zugrunde geht. Als Figur erfüllt er im Roman eine äußerst wichtige Funktion; als Charakter fehlt ihm allerdings Tiefe und Komplexität.

■ Tom Robinson – Symbol der Unschuld

Bob (Robert E.) und Mayella Ewell

Schon auf der ersten Seite des Romans wird die Familie Ewell als Auslöser der ganzen Geschichte genannt: »the Ewells started it all« (S. 3). **Bob Ewell**, der Familienvater, lebt in Armut. Sein Name Robert E. Ewell erinnert an den amerikanischen General Robert E. Lee, der im amerikanischen Bürgerkrieg die Südstaaten (die Konföderierten) anführte, die an der Sklavenhaltung festhielten. Atticus erlaubt sich die Bemerkung, dass Menschen, die nach *confederate generals* benannt werden, oft Trinker werden. Ewell lebt in der Nähe der Mülldeponie. Sein Aussehen ist abstoßend. Er wird als »little bantam cock of a man« (S. 187) und »a red little rooster« (S. 194) mit rotem Hals beschrieben. Er ist kinnlos, hat wenig Haar, eine spitze Nase, und einen faltigen Hals. Er lebt am Rande der Gesellschaft. Seine Familie ist mit Schmutz und Dreck konnotiert (der Sohn Burris wird als dreckigster Mensch, den

■ Die Ewells – Auslöser des Unglücks

Tiefe: depth | **Komplexität:** complexity | **abstoßend:** repulsive

Scout je gesehen hat, bezeichnet). Ewells Existenz hängt von Spenden der Einheimischen ab. Er hat acht Kinder, die unter der Armut der Familie leiden. Sie sind unterernährt, gehen nicht bzw. höchstens ein paar Mal im Jahr zur Schule und werden vom Vater wohl auch misshandelt.

Gewalt und Alkoholismus

Im Laufe der Geschichte wird offenbar, dass Ewell seine Tochter bewusstlos prügelte, nachdem er gesehen hatte, wie sie sich Tom Robinson näherte. Dieses Verbrechen versucht er nun Robinson zusammen mit einer Vergewaltigung anzuhängen (im Wissen, dass dieser von den weißen Jury-Mitgliedern schuldig gesprochen wird). Ewell steht nun zum ersten Mal vor Gericht. Allerdings hat er zuvor durchaus schon das Gesetz gebrochen, doch man drückt ein Auge zu. So lässt man ihn z. B. auch in den Schonzeiten jagen, da sonst seine Familie verhungern würde, denn er gibt sein Geld für Alkohol aus. Da Atticus ihn im Gerichtssaal bloßstellt, möchte er sich an ihm rächen.

Die Ewell-Behausung ist eine ehemalige *negro cabin*, eine Sklavenunterkunft. Die Hütte ist heruntergekommen und ähnelt eher einem Stall. Nur die Geranien, die von Mayella Ewell gepflegt werden, fallen auf. Auch sie selbst fällt durch ihr Bemühen um eine saubere Erscheinung auf. Die junge Frau hat zwei oder vielleicht drei Jahre lang die Schule besucht (und vermutlich auch während des Schulbesuchs auch oft gefehlt, wie ihr kleiner Bruder). Sie hat in ihrem jungen

jdn. bewusstlos prügeln: to beat s.o. unconscious | **jdm. etw. anhängen:** to blame (*or:* pin) s.th. on s.o. |

Leben viel gelitten und ist ohne Mutter aufgewachsen. Von ihrem eigenen Vater wird sie geschlagen und womöglich auch sexuell missbraucht. Eine Kleinigkeit verdeutlicht die Tatsache, dass ihr wohl niemals Respekt entgegengebracht worden ist: Atticus nennt sie, wie es sich gehört, »Miss Mayella«. Doch sie meint, er mache sich mit dieser Anrede über sie lustig. Der Richter muss ihr erläutern, dass Atticus, ganz im Gegenteil, nur höflich sein möchte.

Aber gehört **Mayella Ewell** deswegen zu den Figuren der Romans, die unschuldig zugrunde gehen? Nein, denn der Leser ist kaum in der Lage, Mitleid mit ihr zu empfinden. Zu leicht fällt es ihr, das Leben eines anderen Menschen zu zerstören, zu aggressiv und trotzig ist ihre Reaktion auf Atticus' doch sehr höfliches und menschliches Bemühen um die Wahrheit.

■ Mayella Ewell – ebenfalls ein Opfer?

Die Cunninghams

Die Ewells und die Cunninghams haben etwas gemeinsam: beide Familien können es sich nicht leisten, Schuhe für ihre Kinder zu kaufen. Was Armut betrifft, ähneln sich die Familien einander also sehr, aber es gibt auch bedeutende Unterschiede: Walter Cunningham erscheint in der Schule in Kleidung, die zwar alt, aber doch sauber ist (S. 21). Die Cunninghams begleichen ihre Schulden (wenn auch mit Realien) und kommen mit ihren bescheidenen Mitteln zurecht. Atticus

■ Die Cunninghams als Gegenbild der Ewells

jdn. sexuell missbrauchen: to sexually abuse s.o. | **trotzig:** defiant nennt sie »Freunde«. Mr Cunningham, Walters Vater, hätte Anspruch auf eine Arbeitsstelle im Rahmen eines staatlichen Programms (WPA = Works Progress Administration), behält aber lieber sein Land und hungert. Dies ist als Zeichen moralischer Stärke zu verstehen. All das hebt die Familie von der Ewell-Familie ab. Bezeichnenderweise möchte ein Jury-Mitglied aus der Cunningham-Familie, ein Cousin von Mr Cunningham, sogar Tom Robinson zunächst freisprechen.

Miss Maudie

Miss Maudies Beziehung zu den Kindern

Miss Maudie ist die Nachbarin der Finchs und eine alte Familienfreundin. Die 40-jährige Witwe ist mit Onkel Jack at Finch's Landing aufgewachsen. Sie behandelt Jem und Scout wie Erwachsene. Unter den Erwachsenen in Maycomb ist sie die beste Freundin der Kinder. Sie bäckt die besten Kuchen und arbeitet gerne im Garten. Sie unterstützt sie und versorgt sie mit Informationen. Sie äußert sich positiv über Boo Radley. Als in einem sehr strengen Winter ihr Haus niederbrennt, zeigt sie angesichts dieser Tragödie Mut und Stärke. Neben Atticus ist sie eine der Figuren im Roman, die den Rassismus in der Kleinstadt am besten einschätzen kann. Sie weiß, dass Tom Robinson vor Gericht keine Chance hat und geht deshalb nicht zur Verhandlung, da das Ganze ihrer Meinung nach

auf etw. Anspruch haben: to have a claim to s.th.

wie ein »Roman carnival« (S. 176) – eine einseitige Sache zur Belustigung des Volkes – sein wird.

Andere Figuren

Miss Stephanie Crawford ist ein *gossip*, eine Klatschtante also, die gerne Gerüchte verbreitet, insbesondere über Boo Radley. Sie ist sehr gerne beim Prozess dabei und meint, Atticus habe die Kinder absichtlich zu den Schwarzen gesetzt – sie erkennt in jeder Kleinigkeit einen anderen Zusammenhang und verbreitet ihre Ansichten hemmungslos. **Link Deas** ist Tom Robinsons Arbeitgeber. Seine Bereitschaft, im Gerichtssaal Toms Integrität zu loben, dient als Gegenbeispiel zu den rassistischen Vorurteilen der übrigen Bürger. **Mrs Henry Lafayette Dubose** ist eine alte, griesgrämige und rassistische Frau, die in der Nähe der Finchs wohnt. Jem hält sie für eine durch und durch böse Frau, aber er lernt von Atticus, dass sie auch gute Eigenschaften hat, zum Beispiel die Stärke, die sie beim Kampf gegen ihre Schmerzmittelabhängigkeit zeigt. **Heck Tate**, der Sheriff, ist so groß wie Atticus und stets bewaffnet (außer als Zeuge vor Gericht). Er ist ein guter Mensch, der am Ende des Romans nicht zulassen kann, dass Boo gegen seinen Willen in den Mittelpunkt der öffentlichen Aufmerksamkeit gerät. Es ist bemerkenswert, dass sich seine pragmatische Sicht der Dinge gegen Atticus' Drang,

■ Die Bürger Maycombs

Integrität: integrity | **bewaffnet:** armed

gemäß dem Gesetz zu handeln, durchsetzt. **Mr Dolphus Raymond** ist ein wohlhabender Weißer, der mit seiner schwarzen Partnerin und den gemeinsamen Kindern zusammenlebt. Es ist bezeichnend, dass er am Tag des Prozesses nicht den Gerichtssaal betritt, sondern draußen wartet. Wie Miss Maudie möchte er sich von diesem Schauspiel fernhalten. **Mr Underwood** ist Inhaber der Lokalzeitung. Er respektiert Atticus und unterstützt ihn. Er demonstriert durch seine schriftliche Äußerung nach Toms Tod große moralische Stärke. In Scouts Worten: »Mr Underwood simply figured it was a sin to kill cripples, be they standing, sitting or escaping.« (S. 265)

4. Form und literarische Technik

Die Erzählstimme

In *To Kill a Mockingbird* liegt eine sogenannte Ich-Erzählsituation vor: Die Ereignisse werden als von der Erzählerin selbsterlebt dargestellt. Dabei ist die Erzählerin trotz der autobiographischen Züge des Romans nicht mit der Autorin gleichzusetzen. Nicht Harper Lee berichtet über die Ereignisse in Maycomb, sondern eine Erzählerin, die man beim Lesen des Romans innerhalb weniger Seiten als Scout Finch identifiziert.

■ Die Erzählsituation

Es ist sinnvoll, diese Erzählsituation näher zu bestimmen. Die Handlung des Romans findet zwischen Scouts 5. und 9. Geburtstag statt. Die erzählte Zeit beträgt also ungefähr 3 Jahre. Der Akt des Erzählens findet allerdings viel später statt (»when enough years had gone by«, S. 3; »many years later«, S. 98). Für die Erzählerin ist es offenbar nötig gewesen, Abstand zu den Ereignissen zu gewinnen, um ihre Tragweite zu verstehen und dann in gebührender Weise davon zu erzählen. So ergibt sich in *To Kill a Mockingbird* eine doppelte Perspektive: Dominant ist die naive Stimme des Kindes, die das Aufwachsen in einer kleinen Stadt im amerikanischen Süden authentisch beschreibt. An vielen Stellen begreift der Leser dabei Zusammenhänge, die die junge Scout selbst noch nicht begreifen

■ Die erzählte Zeit

■ Doppelperspektive

Erzählsituation: narrative situation | **gebührend:** fittingly

kann. Daneben gibt es jedoch auch häufig Passagen, in denen die Stimme der erwachsenen Scout zum Vorschein kommt. Ein Beispiel hierfür ist die Beschreibung von Maycomb, in der klar wird, dass bestimmte Sachverhalte rückblickend gedeutet werden, was z. B. auch auf ihre Beschreibung des Gerichtsgebäudes zutrifft (vgl. Kap. 6, S. 87). Wir wissen nicht, wie viel Zeit zwischen dem Ende der Handlung und dem Zeitpunkt des Erzählens verstrichen ist. Allerdings weist die Bemerkung am Schluss des Romans, dass Scout Boo nie wieder gesehen hat (S. 306), darauf hin, dass zwischen Erleben und Erzählen eine beträchtlicher Zeitraum vergangen sein muss, denn diese Aussage macht nur dann Sinn, wenn entweder Boo Radley gestorben ist oder die Erzählerin bald mit ihrem eigenen Leben abschließt.

Die Erzählerin lässt also ihr junges Selbst berichten, was sie damals gesehen und gehört hat, und ergänzt dies gelegentlich durch rückblickende Reflexionen. Diese Reflexionen und entsprechende Kommentare verdeutlichen – oft mit komischer Wirkung – die Naivität des Kindes Scout. Die geschilderten Sachverhalte werden also aus zwei unterschiedlichen Perspektiven beleuchtet. Man spricht bei einer solchen Konstellation von einer ›zweischichtigen Ich-Erzählung‹: zwischen erlebendem und erzählendem Ich herrscht eine zeitliche Distanz und, damit einhergehend, eine Differenz bezüglich des Wissens- und Er-

■ Erlebendes und erzählendes Ich

zum Vorschein kommen: to be revealed | **beträchtlicher Zeitraum:** considerable period of time

kenntnisstandes. Dieser manifestiert sich auch sprachlich. Der Leser erlebt durch dieses Erzählverfahren mit, inwiefern sich die Sichtweise der Erzählerin verändert, und vollzieht so ihren Erkenntnisfortschritt mit.

Es entspricht allerdings dem natürlichen Vorgang des Lesens, wenn man diese beiden Perspektiven als eine Einheit, als eine sogenannte Erzählinstanz akzeptiert. Hierunter ist die vom Leser vernommene Stimme, die die Geschichte erzählt, zu verstehen. Es ist nicht immer sinnvoll, Passagen daraufhin zu überprüfen, ob hier die junge oder der alte Scout zu uns spricht, da kein großer Erkenntnisgewinn hiermit verbunden ist. Manchmal kann die Aufteilung in eine junge und eine alte Scout bei der Identifizierung von bestimmten Themen hilfreich sein. Die Beschreibung Maycombs (S. 5 f.) geschieht zum Beispiel aus einer Erwachsenenperspektive und lässt die historischen Widersprüche des Stadtbilds zur Geltung kommen. Für solche Feinheiten hat die junge Scout kein Gespür (vgl. Kap. 6).

Die Struktur des Romans

Bereits der erste Satz des Romans spielt auf dasjenige Ereignis an, mit dem er abschließt: auf Bob Ewells nächtlichen Angriff auf die Kinder. Die Struktur des Romans lässt sich somit als zirkular beschreiben (ein

■ Zirkulare Struktur

Erzählinstanz: narrative voice

Abb. 2: Die Romanstruktur von *To Kill a Mockingbird*

weiterer Hinweis auf diese Zirkularität ist der Kinderroman *The Grey Ghost*, der sowohl im ersten als auch im letzten Kapitel erwähnt wird). Interessant ist zudem, dass im ersten Absatz des Buches ein körperlicher Mangel beschrieben wird, nämlich der gebrochene Arm Jems, der zugleich an den versehrten linken Arm Tom Robinsons erinnert, der bei dem Gerichtsprozess eine zentrale Rolle spielt. Hierin ist nicht nur eine Vorausdeutung auf die folgende Handlung zu sehen, sondern auch ein Hinweis auf das Hauptthema des Romans, nämlich Ungerechtigkeit und Gewalt.

Hat der erste Absatz des Romans die Funktion, auf den Endpunkt der Geschichte vorauszudeuten, so bestimmt der zweite Absatz, der ebenfalls mit »when« beginnt, den Anfangspunkt der Handlung bzw. der erzählten Zeit: »The summer Dill came to us« (S. 3). Der zeitliche Rahmen des Romans ist somit abgesteckt. Im ersten Kapitel gelingt es der Erzählinstanz zudem auf kleinem Raum, die Erfahrungswelt der Kinder eindrücklich zu beschreiben: den Ort Maycomb, das Haus der Radleys und schließlich auch den Vater, der gleich im dritten Absatz als höhere, aber doch milde Instanz beschrieben wird.

In den ersten Kapiteln liegt der Fokus auf den Spielen der Kinder. Besonders in den Kapiteln 4 bis 6 werden ihre gemeinsamen Abenteuer beschrieben. Das Feuer bei Miss Maudie im 8. Kapitel stellt einen Wendepunkt dar. Nach dem Feuer tritt das Interesse an Boo Radley in den Hintergrund, und der Gerichtsprozess um Tom Robinson dominiert zunehmend die Handlung. Er stellt zunächst in erster Linie eine Quelle der Verunsicherung in der Erfahrungswelt der Kinder dar, wird dann jedoch zunehmend der Auslöser für Konflikte sowohl mit Schulkameraden (vgl. Scouts Beinahe-Faustkampf mit Cecil Jacobs in Kapitel 9) als auch mit anderen Bewohnern Maycombs (Jems Wutausbruch im Garten von Mrs Dubose in Kapitel 11). Jems und Scouts Besuch der Kirche der schwarzen Gemeinde zu Beginn des zweiten Teils des Romans (Kapitel 12) findet gerade zu dem Zeitpunkt statt, als sich die Stimmung im Ort verschlechtert und sich die Spannungen zwischen den Rassen, aber vor allem auch zwischen Atticus und den missbilligenden Bürgern zuspitzen. Scout erlebt in Calpurnias Kirche, wie trotz Armut eine starke Gemeinschaft

■ Wendepunkt der Handlung

Wendepunkt: turning point | **Verunsicherung:** feeling of uncertainty | **missbilligend:** disapproving

entstehen kann, die noch viel stärker ist als in Scouts eigener Kirche.

In den 20 Kapiteln des zweiten Teils dominiert nicht länger die Kinder-, sondern die Erwachsenenwelt. Tom Robinsons Prozess nimmt fünf Kapitel ein und bildet die mit Abstand wichtigste Sequenz im Roman. Die Ereignisse im Gerichtssaal, die Befragungen und Zeugenaussagen werden fast ohne Unterbrechungen erzählt. Mit dem Schuldspruch Tom Robinsons erreicht die Handlung einen vorläufigen Höhepunkt. In den folgenden Kapiteln finden sich durchaus auch Szenen, die sich innerhalb des Spannungsbogens als retardierende Elemente auffassen lassen (beispielsweise das Treffen der »Maycomb Missionary Society«). Die Hiobsbotschaft vom Tod Tom Robinsons sorgt für einen neuen tragischen Höhepunkt, und es wäre sogar denkbar, dass die Handlung hier als Tragödie enden könnte. Eine Besonderheit des Romans besteht jedoch darin, dass die Verfasserin die Handlung über diesen Punkt hinaus weiterentwickelt und am Ende des Romans alle Handlungsstränge zusammenführt. Kapitel 26 und 27 haben eine sehr wichtige Funktion, auch wenn die darin beschriebenen Nachwirkungen des Prozesses nicht als dramatisch zu bezeichnen sind. So lassen die hier beschriebenen Ereignisse eine Atmosphäre drohender und steigernder Gefahr entstehen, denn es wird offensichtlich, dass

■ Vorläufiger Höhepunkt der Handlung

retardierend: hier: slowing down the action | **Hiobsbotschaft:** bad (or: disasterous) news | **Besonderheit:** hier: special aspect | **Handlungsstrang:** plot thread

Ewell in bedrohlicher Weise rastlos und voller Groll und Ressentiments ist. Die Tatsache, dass nur Atticus die von Ewell ausgehende Gefahr falsch einschätzt, sorgt schon deswegen für Spannung, weil nicht nur die Kinder Jem und Scout, sondern auch der Leser so großes Vertrauen in dessen Urteil setzt. Schließlich gelingt es der Autorin, in den letzten Szenen des Romans große Spannung zu erzeugen (Halloween als atmosphärischer Hintergrund, Aunt Alexandras unbestimmtes Unbehagen kurz vor dem Aufbruch der Kinder zum Fest, die Dunkelheit und schließlich die wirren Umstände des Angriffs). Auf den letzten Seiten des Romans führt Lee alle Handlungsstränge zusammen: Boo Radley erhält endlich ein menschliches Gesicht. Die Umstände von Jems Armverletzung, die im allerersten Absatz des Romans erwähnt wurden, sind geklärt. Und der Roman endet damit, dass die Erzählerin bei der Lektüre von *The Grey Ghost* einschläft.

Ein sehr gutes Beispiel für das schriftstellerische Können Lees ist die Art und Weise, wie sie bei der ausführlichen Schilderung des Gerichtsrozesses die Spannung aufrechterhält. Dies gelingt ihr, obwohl alle außer den Kindern wissen, dass Tom Robinson schuldig gesprochen werden wird: Atticus weiß es, Tom Robinson selbst weiß es, und der Leser weiß es. Die Spannung rührt daher, dass der Leser beobachten

■ Der Spannungsbogen

Unbehagen: apprehension | **etw. aufrechterhalten:** to maintain s.th.

kann, wie Jem die kluge und umsichtige Arbeit seines Vaters wahrnimmt, und zwar im festen Glauben, dass die Tatsachen, die ans Licht gebracht worden sind, einen Einfluss auf den Ausgang des Prozesses haben werden. So stellt nicht unbedingt das Urteil der Jury den Höhepunkt dieser Episode dar, sondern Jems Äußerung »We've got him« (S. 196), die sich dann aber als falsch herausstellt. Der Leser weiß, dass sich Jem zu früh freut und die Lage falsch einschätzt. Es ist genau umgekehrt. Nicht Ewell, sondern Tom Robinson steckt in der Falle.

Die Gattung des Schauerromans

Der Schauerroman (*gothic novel*) ist ein auf Schauereffekte angelegter Roman, in dem Elemente wie unheimliche Schauplätze (z. B. Schlösser und verwahrloste Gebäude), übersinnliche Phänomene und übernatürliche Ereignisse die Phantasie des Lesers anregen. Englischsprachige Schauerromane wie *The Monk* (1796) von Matthew Lewis und *The Castle of Otranto* (1764) von Horace Walpole erfreuten sich großer Beliebtheit und begründeten ein Genre, das vor allem in Trivialromanen und Horrorfilmen bis heute Bestand hat.

■ Elemente des Schauerromans

Bestimmte Elemente in *To Kill a Mockingbird* gehören in diesen Zusammenhang. So weisen etwa die

Schauerroman: gothic novel | **unheimlich:** eerie, sinister | **übersinnlich:** supernatural

Vorstellungen der Kinder zum Verhalten und Aussehen Boo Radleys typische Merkmale des Schauerromans auf. Sie bezeichnen ihren Nachbarn explizit als »haint«, also als einen Geist. In der Phantasie der Kinder ist Boo Radley von sehr großer Statur. Er isst Eichhörnchen und Katzen. Über sein Gesicht verläuft eine Narbe, und seine Zähne sind gelblich und verfault. Er hat hervorstehende Augen, und er sabbert wie ein Tier. Er zieht in mondlosen Nächten durch die Gegend, sein Atem lässt Blumen kaputtgehen (vgl. S. 14). Auch Boo Radleys Haus wird als schauriger Platz konnotiert. Man wechselt die Straßenseite, wenn man an seinem Haus vorbeigeht.

Aber auch andere Motive und Ereignisse fallen als typisch »gothic« auf:

- der tollwütige Hund, der plötzlich auftaucht, die ganze Ortschaft beunruhigt und erschossen wird;
- die Tatsache, dass der Angriff auf die Kinder in der Nacht von Halloween stattfindet;
- die Angst der Kinder vor »hot steams« (S. 41), vor Geistern also, die Jem genüsslich beschreibt;
- die ungewöhnlichen Naturereignisse (einerseits Schneefall, andererseits das ungewöhnlich warme Wetter in der mondlosen Nacht am Abend der Halloween-Feier).

Schließlich sei Aunt Alexandras ungutes Gefühl in der Halloween-Nacht erwähnt: »›somebody just walked over my grave‹« (S. 279). Diese Wendung bringt ein plötzliches und unergründbares Unbehagen zum Ausdruck.

Die Funktion der Schauer-Elemente

Es stellt sich die Frage, warum so viele solche Elemente vorhanden sind. Handelt es sich um eine Strategie der Verfasserin zur Herstellung einer unheimlichen Atmosphäre, zur Steigerung des Dramas? Oder geht es um eine authentische Darstellung der kindlichen Phantasie?

Betrachtet man die ungewöhnlichen Wetterphänomene im Roman und auch das Feuer, das Miss Maudies Haus zerstört, so erweisen sich diese nach anfänglicher Irritation letztlich nicht als bedrohlich: Jedenfalls stellen weder der unerwartete Schneefall noch das Feuer eine Gefahr für die Gemeinschaft dar. Im Gegenteil, der Schneefall, der Scout zunächst furchtbar ängstigt (»The world's endin', Atticus!«, S. 71) bietet Gelegenheit zum Spielen, und das Feuer lässt die Gemeinschaft in Maycomb enger zusammenrücken (selbst das angebliche Monster Boo Radley wird Teil dieser Gemeinschaft, als er unbemerkt eine Decke um Scouts Schultern legt). Das Dramatische des Feuers wird durch Hilfsbereitschaft entkräftet und durch die Lebensstärke Miss Maudies in eine günstige Gelegenheit für einen Neuanfang umgedeutet. Auch der mit so vielen unheilbringenden Zeichen konnotierte Halloween-Abend erfährt durch den Auftritt Scouts und das Gelächter der Zuschauer eine

enger zusammenrücken: to draw closer together | **unbemerkt:** unnoticed

Umdeutung und wird zu einem komischen Höhepunkt des Romans, bei dem Lee die Gemeinschaft Maycombs in ein warmes Licht rückt. Anhand dieser Umdeutung typischer Elemente der *gothic novel* wird demonstriert, dass Bedrohliches durch Menschlichkeit aus der Welt geräumt werden kann.

Eine weitere Funktion der Schauer-Elemente im Roman lässt sich an Dills phantasievoller Geschichte über seine Flucht von zu Hause verdeutlichen. Scout fasst seinen Bericht, wie er nach Maycomb gelangt sei, folgendermaßen zusammen:

> »[...] having been bound in chains and left to die in the basement [...] by his new father, who disliked him, and secretly kept alive on raw field peas by a passing farmer who heard his cries for help [...], Dill worked himself free by pulling the chains from the wall.« (S. 154)

In Ketten gelegt und im Kerker verlassen – das ist eine typische Situation im Schauerroman. Unmittelbar im Anschluss stellt Jem Dill die gleiche Frage noch einmal, dessen Antwort nun ganz anders ausfällt: Er habe Geld geklaut und sei um 9 Uhr mit dem Zug aufgebrochen. Hier sind die *gothic elements* im Zusammenhang mit einem anderen Hauptthema des Romans zu sehen: dem Erwachsenwerden. Der Unterschied zwischen der kindlichen Phantasie, die hier

Kindheit vs. Erwachsenwerden

phantasievoll: imaginative

noch zwischen Dill und Scout kreativ ausgelebt wird, und der harten Faktenrealität der Erwachsenenwelt, der sich Jem im Laufe des Romans immer weiter nähert, wird selten im Roman so klar thematisiert wie an dieser Stelle.

Symbole

Abb. 3: Spottdrossel (*mockingbird*) – Quelle: U. S. Fish and Wildlife Service

To Kill a Mockingbird ist ein Roman, der weitgehend ohne tiefsinnige Symbolik auskommt, doch ein Symbol fällt auf: der *mockingbird* (dt. ›Spottdrossel‹). Diesem Singvogel, der in der deutschen Übersetzung des Romans zur bekannteren Nachtigall geworden ist, kommt eine immense Bedeutung zu. Erstens zeugt der Vogel von einer gewissen Heimatverbundenheit, denn er ist der Staatsvogel, d. h. das Wahrzeichen, einiger Südstaaten. Die Erzählerin geht liebevoll und detailliert auf seinen Gesang geht ein (S. 281). Zugleich ist der Vogel aber mehr als einfach ein Teil der natürlichen Welt in und um Maycomb. Im Roman gewinnt er dadurch eine symbolische Kraft, dass Atticus den Vogel nutzt, um seinen Kindern eine wichtige Lehre beizubringen. So erklärt er Jem, als er ihm ein Luftgewehr schenkt:

■ Der *mockingbird* als Leitsymbol

»›I'd rather you shot at tin cans in the back yard, but I know you'll go after birds. Shoot all the bluejays you want, if you can hit 'em, but remember it's a sin to kill a mockingbird.‹« (S. 99)

Scout versteht diesen Ausspruch zunächst nicht (vor allem deswegen, weil ihr Vater zuvor noch nie von »Sünde« gesprochen hatte) und bittet Miss Maudie um eine Erläuterung. Diese erklärt:

»›Mockingbirds don't do one thing but make music for us to enjoy. They don't eat up people's gardens, don't nest in corncribs, they don't do one thing but sing their hearts out for us. That's why it's a sin to kill a mockingbird.‹« (S. 99 f.)

Heimatverbundenheit: a love of one's homeland | **Wahrzeichen:** emblem

Symbol der zerstörten Unschuld

Der *mockingbird* steht symbolisch für die Unschuld, insbesondere die durch menschliches Handeln zu Schaden gekommene Unschuld. Ein solches Geschöpf wie den *mockingbird* zu töten, der niemandem etwas zuleide tut, bedeutet die Unschuld selbst zu töten. Es gibt im Buch eine Reihe von Figuren, die man im Hinblick auf dieses Symbol deuten kann (Jem, Tom Robinson, Boo Radley).

Nach dem Tod Tom Robinsons schreibt Mr Underwood einen Artikel in seiner Lokalzeitung, in dem er den brutalen Tod Tom Robinsons mit »the senseless slaughter of songbirds« (S. 265) vergleicht. Die Beschreibung von Mayella als »a steady-eyed cat with a twitchy tail« (S. 199) gibt Aufschluss darüber, welcher Menschentyp an seinem Tod Schuld trägt. Sie erscheint als Vertreterin derjenigen Welt, an der die Unschuld zugrunde zu gehen droht.

Auch das Schweigen des Vogels ist von Bedeutung. Es weist auf eine kommende Bedrohung hin: In den unheilvollen Augenblicken vor der Tötung des Hundes heißt es etwa: »the mockingbirds were silent« (S. 105). Und die Atmosphäre im Gerichtssaal kurz vor der Urteilsverkündung wird mit einem kalten Wintertag verglichen, »when the mockingbirds were still« (S. 232). Zu Beginn des Romans sind die Kinder auch noch davon überzeugt, dass die *mockingbirds* auf dem Radley-Grundstück schweigen.

Geschöpf: creature | **unheilvoll:** ominous | **Urteilsverkündung:** passing of judgement

Sprachliche Besonderheiten

Harper Lee setzt in *To Kill a Mockingbird* unterschiedliche sprachliche Mittel ein, um den Text authentisch wirken zu lassen. Dazu gehören Redewendungen, die typisch für den Dialekt der Südstaaten sind, wie z. B. »Jem said he ›bought cotton‹« (S. 10, *buying cotton* ist eine höfliche Umschreibung für das Nichtstun) oder »wear us out« (S. 13, 229 u. ö. ist ein nur im Süden bekannter Ausdruck für ›prügeln‹). Darüber hinaus gibt die direkte Rede die Aussprache der Figuren wieder: *to* wird oft als »ta« wiedergegeben: »hafta« (S. 20), oughta (S. 26). Darüber hinaus wird die typische Vokalverschiebung des Südstaaten-Englisch nachgeahmt »jist« (S. 84, statt *just*), »pizened« (S. 26, statt *poisoned*). Die Verwendung von »ain't« statt *isn't* entspricht ebenfalls der sprachlichen Wirklichkeit. In den Dialogen fallen weitere typische Sprachmittel auf, die dem Englischlernenden nicht unbedingt bekannt sind: Wenn Jem Aunt Alexandra mit »nome« (S. 140) antwortet, so ist das eine Variante von *no Ma'am*, und damit eine durchaus höfliche und angemessene Antwort, und bei »Hidy do« (S. 69) handelt es sich um eine typische Grußformel.

■ Sprache als Authentizitätsmerkmal

Zu Hause bei den Finchs spricht Calpurnia »white-folks' talk« (S. 139). In ihrer Kirche hingegen weicht sie von diesem Sprachgebrauch ab und spricht das, was man im Roman »coloured-folks' talk« (S. 139) nennt. »They's my comp'ny« (S. 131) sagt sie in einem Ton, der Scout fremd vorkommt. Scout fragt, »why

■ Calpurnias Sprache

do you talk nigger-talk to the – to your folks when you know it's not right?« (S. 139). Spräche sie »white« in der Kirche, so erklärt Calpurnia, wirke das prätentiös. Nicht nur Armut und Rassismus trennen Schwarze und Weiße, auch die Sprache trennt sie.

Atticus' Sprache

Atticus fällt durch seine druckreife Rede auf. Die Erzählerin nennt seine Ausdrucksweise in Anspielung auf die trockene Sprache von Rechtsdokumenten seine »last-will-and-testament diction« (S. 35). Sein Wortschatz ist, bedingt durch seine Bildung und seinen Beruf, sehr umfangreich, und es ist ihm ein Bedürfnis, seinen Kindern neue und schwierige Wörter zu erklären (»Do you know what a compromise is?«, S. 34), wie er ebenso spielerisch gerne umständlich formulierte Sätze in seine Gespräche mit den Kindern einbaut, die er dann für sie aber auch gerne in einfacher Sprache wiedergibt:

> »›I'm afraid our activities would be received with considerable disapprobation by the more learned authorities.‹ […]
> ›Huh, sir?‹
> ›[…] I have a feeling that if you tell Miss Caroline we read every night she'll get after me, and I wouldn't want her after *me*.‹« (S. 35).

prätentiös: pretentious | **Rechtsdokument:** legal document | **umständlich:** long-winded

Während Atticus' Sprachgebrauch seine Bildung, seine elterliche Sorgfalt und sein Pflichtbewusstsein widerspiegelt, verrät Aunt Alexandras Begriffsgebrauch ihre Voreingenommenheit und Engstirnigkeit. Das lässt sich am Beispiel ihrer Verwendungsweise des Begriffs *trash* veranschaulichen: Atticus verwendet *trash* als Bezeichnung für jeden Weißen, der betrügt, egal wie wohlhabend seine Familie sein mag (»[...] whenever a white man does that [cheat] to a black man, no matter who he is, [...] that white man is trash«, S. 243). Alexandra hingegen verwendet das Wort, um Scout die soziale Interaktion mit Walter Cunningham zu verbieten (»Because – he – is – trash, that's why you can't play with him«, S. 248): *trash* wird hier mit ›arm‹ gleichgesetzt. Alexandra hat keinen Blick dafür, dass auch in einer Familie, die dermaßen unter Armut leidet, dass sie sich nicht mal Schuhe leisten kann, gute Menschen leben können.

■ Alexandras Sprache

Es ist bemerkenswert, dass die im Roman enthaltenen sprachkritischen Elemente meist mit der Integrität des sprechenden Individuums zusammenhängen. Nur selten wird die Sprache verwendet, um eine bestimmte Gruppe bloßzustellen. Ein Beispiel dafür ist Bob Ewell, dessen Sprache ordinär ist (»Jesus« »ruttin«, S. 190) und die Grenzen des Anstands überschreitet, so dass der Richter ihn auffordern muss »Mr

■ Bob Ewells Sprache

elterliche Sorgfalt: parental care | **Pflichtbewusstsein:** sense of duty | **Engstirnigkeit:** narrow-mindedness | **jdn. bloßstellen:** to expose s. o. | **ordinär:** vulgar

Ewell, you will keep your testimony within the confines of Christian English usage, if that is possible.« (S. 192) Scout weiß es besser und verwendet eine Ersatzform für »What the hell«, um tabuisierte Sprache zu umgehen: »what the sam hill« (S. 27).

Folgen des Sprachwandels

Ein wichtiger Aspekt der Sprache in *To Kill a Mockingbird* ist auch, dass man hieran den inzwischen erfolgten Sprachwandel nachvollziehen kann. Insbesondere sind die Wörter *negro* und *nigger* im heutigen Sprachgebrauch (außer in ganz bestimmten Kontexten) stark tabuisiert, noch stärker als die meisten Obszönitäten. Man spricht in diesem Zusammenhang sogar vom *n-word*. Die Gründe liegen auf der Hand: Was ursprünglich eine neutrale Bezeichnung für einen Menschen mit schwarzer Hautfarbe war, ist im Lauf der Jahrhunderte vor allem bedingt durch die Geschichte der Sklaverei zu einem beleidigenden Terminus geworden. Es handelte sich nun um eine erniedrigende Bezeichnung für ausgebeutete und rechtelose Menschen. Obwohl das Wort unter Schwarzen in ganz spezifischen Kontexten gebräuchlich ist (beispielsweise bezeichnet sich der Rapper DMX gelegentlich selbst als *nigga*, wobei sich die Schreibweise bewusst von *nigger* abhebt), gilt es sonst als höchst beleidigend. Aber auch die Bezeichnung *coloured*, die im Roman von sehr vielen Figuren einschließlich der Erzählerin verwendet wird, ist heute kaum mehr angebracht. Heute spricht man von African Americans,

Sprachwandel: language change | **Obszönität:** obscenity wobei davon auszugehen ist, dass auch hier noch ein Sprachwandel erfolgen wird.[1] Die Verwendung tabuisierter Wörter sorgt noch immer für Kontroversen, aber weder Verbot noch Zensur schaffen hier Abhilfe. Es gilt vielmehr, die Problematik und Hintergründe dieses Wortgebrauchs zu thematisieren (vgl. hierzu Kap. 5, S. 76).

5. Quellen und Kontexte

■ Die zeitlichen Bezüge

To Kill a Mockingbird präsentiert keine historischen Ereignisse. Allerdings weisen die fiktiven Ereignisse, die im Roman geschildert werden, sehr wohl starke Bezüge sowohl zur Entstehungszeit des Romans (die späten 1950er Jahre) als auch zu bestimmten Vorfällen und zeitgeschichtlichen Hintergründen aus den 1930er Jahren auf. Die Zusammenschau dieser beiden politisch und gesellschaftlich sehr bewegten Zeiträume verlieh dem Roman gerade zu einem Zeitpunkt, als die US-amerikanische Gesellschaft angesichts der Bürgerrechtsbewegung der 1960er Jahre an einem Scheideweg stand, eine besondere Bedeutung.

Politischer und wirtschaftlicher Hintergrund: Die Weltwirtschaftskrise

■ Die Wirtschaftskrise und ihre Folgen

Der New Yorker Börsencrash vom Oktober 1929 zog massenhafte Arbeitslosigkeit, soziales Elend und Armut nach sich und stellte die Politik weltweit vor große Herausforderungen. Auch Harper Lees Geburtsort Monroeville wurde infolge der Great Depression in seiner wirtschaftlichen Entwicklung zwanzig Jahre zurückgeworfen. In *To Kill a Mockingbird* spiegelt sich das Leiden der Bevölkerung während der Weltwirt-

historische Ereignisse: historical events | **am Scheideweg stehen:** to stand at a crossroads | **zurückgeworfen werden:** to be thrown back

schaftskrise in vielen Kleinigkeiten wider. Vor allem die Cunninghams stehen stellvertretend für Millionen von Menschen, die damals von der Hand in den Mund lebten. Neben allgemeinen Hinweisen auf die herrschende Armut, wie etwa, dass einige Eltern ihren Kindern keine Schuhe kaufen können, gibt es im Roman einige Nennungen konkreter staatlicher Maßnahmen, die die Geschehnisse im historischen Kontext der Weltwirtschaftskrise verorten. Dazu gehört die Works Progress Administration (»WPA«, S. 273), eine 1935 ins Leben gerufene staatliche Maßnahme, die für Arbeitsplätze sorgen sollte.[2] Eine weitere Anspielung auf das damalige politische Handeln stellt die Textstelle dar, in der über den Untergang des National Recovery Acts (»NRA«, S. 277) gesprochen wird, eines Programms zur Bekämpfung der Weltwirtschaftskrise, das im Jahr 1935 vom Obersten Gerichthof für verfassungswidrig erklärt wurde. Es dürfte kein Zufall sein, dass Atticus das Alter der Richter hervorhebt, die den Untergang des Programms besiegelten (»nine old men« S. 277). Und auch die Betonung, dass es sich bei den Richtern ausschließlich um Männer handelte, ist wohl nicht ohne Bedeutung. Auch in dieser kleinen Beobachtung wird die Tatsache hinterfragt, dass Alter oft mit Weisheit gleichgesetzt wird. So wird auch durch den historischen Kontext an eines der zentralen Themen des Romans angeknüpft:

etw. verorten: to place s.th. | **Anspielung:** allusion | **verfassungswidrig:** unconstitutional

Kritik an der Erwachsenenwelt

die mangelnde Weisheit des Alters und der Erwachsenenwelt.

Auf die instabile geopolitische Lage und auf die ungünstigen Entwicklungen in Europa wird in Kapitel 26 angespielt, in dem Scouts Klasse die Verhältnisse im Hitler-Deutschland diskutiert. Für beide Fälle – die Judenverfolgung in Deutschland, die staatlichen Maßnahmen gegen die Stagnation der Wirtschaft – gilt, dass sie der Erzählperspektive des Romans angepasst werden, d. h. aus einer kindlichen Sicht beleuchtet werden.

Historische Quellen: Rassistisch motiviertes Unrecht

Ereignisse vor der Entstehung des Romans

Harper Lees Vater

Die Frage, welche historischen Ereignisse der Haupthandlung des Romans (dem Prozess) als Anregung für den Roman gedient haben könnten, ist sehr komplex. Als erste mögliche Quelle kommt eine Erfahrung in Frage, die Harper Lees Vater als junger Anwalt im November 1919 machte, als er zwei Schwarze verteidigen musste, die des Mordes beschuldigt wurden. A. C. Lee tat als Verteidiger sein Bestes, verlor den Prozess aber dennoch. Die Angeklagten wurden schuldig gesprochen und gehängt. A. C. Lee hat daraufhin nie wieder

Judenverfolgung: persecution of the Jews | **etw. anpassen:** to adapt s.th. to s.th.

einen Kriminalfall angenommen und sich nur selten und ausweichend zu dem Fall geäußert.[3] Ob er später seiner Tochter darüber berichtete (Harper Lee kam erst mehr als sechs Jahre später zur Welt), ist nicht bekannt, scheint aber wahrscheinlich.

Die Scottsboro Boys

Eine weitere mögliche Quelle sind die Ereignisse um die sogenannten Scottsboro Boys. Im Jahr 1931 wurden neun Schwarze beschuldigt, zwei weiße Frauen vergewaltigt zu haben. Der Ort der Gerichtsverhandlung war Scottsboro, Alabama, weshalb die neun Beschuldigten als Scottsboro Boys in die Geschichte eingegangen sind. Im Vorfeld des Prozesses kam es zu sehr großen Menschenversammlungen, die zum Teil die Rechtsprechung stören wollten – die Gefahr der Lynchjustiz war ständig präsent. Die Prozesse wurden deshalb schnell und in einer sehr angespannten Atmosphäre durchgeführt. Die Rechtsvertretung der Beschuldigten war unzureichend. Abgesehen vom 12-jährigen Roy Wright wurden alle Angeklagten schuldig gesprochen und zum Tode verurteilt. Dabei gab es medizinische Indizien dafür, dass sie unschuldig waren. Darüber hinaus stellte sich später heraus, dass die angeblichen Opfer die Geschichte fabriziert hatten. Auch wenn die Todesurteile schließlich von einer höheren Instanz aufgehoben wurden, ist es offensichtlich, dass hier den Angeklagten große

ausweichend: evasively | **angespannte Atmosphäre:** tense atmosphere | **unzureichend:** inadequate | **etw. fabrizieren:** to fabricate s.th.

Ungerechtigkeit widerfahren ist. Der Prozess war insofern ein Meilenstein in der Rechtsgeschichte, als in der Folge gewisse Prinzipien festgelegt wurden, etwa dass jeder das Recht auf eine ordentliche Vertretung vor Gericht hat und dass niemand wegen seiner ›Rasse‹ aus einer Jury ausgeschlossen werden darf.

Auch im Umfeld von Lees Vater gab es einen weiteren Fall rassistisch motivierter Ungerechtigkeit, nämlich den Fall Walter Lett, über den die Lokalzeitung *Monroe Journal*, an der Lees Vater beteiligt war, am 9. November 1933 berichtete. In dem Bericht heißt es, Lett habe eine weiße Frau, Naomi Lowery, vergewaltigt:

Der Fall Walter Lett

> »[Lett] was captured on Saturday afternoon and taken into custody. Fearing that an attempt would be made to lynch the Negro by a mob following the news of the attack, Sheriff Sawyer took the Negro to the jail in Greenville for safekeeping.«[4]

Lett war vorbestraft. Sein angebliches Opfer lebte in großer Armut. Das Wort des vermeintlichen weißen Opfers galt mehr als das Wort des schwarzen Beschuldigten. Eine mögliche Erklärung für den Vorfall suchte man in der Vermutung, dass die beiden Liebende gewesen seien. Es war in Zeiten der Segregation mit all den damit verbundenen Tabus und Verboten nicht unüblich gewesen, eine Schwangerschaft, die aus einer gemischten Beziehung hervorging, als Ergebnis einer Vergewaltigung zu deklarieren, wobei mitunter auch ein fremder Mann beschuldigt wurde. Der Prozess fand im März 1934 statt. Lett behauptete, das Opfer nicht zu kennen und zudem zum Zeitpunkt der Tat an einem anderen Ort gewesen zu sein. Die aus zwölf weißen Männern bestehende Jury sprach Lett nach einer ungewöhnlich langen Beratungszeit schuldig. Führende Bürger Monroevilles allerdings waren von der Schuld Letts nicht überzeugt. Sie richteten ein Schreiben an die Behörde, und die Hinrichtung wurde verschoben (es ist anzunehmen, dass Lees Vater auch zu dieser Gruppe gehörte). Das Urteil wurde in eine lebenslängliche Haftstrafe umgewandelt. Allerdings wurde der Gefangene bald psychisch krank (möglicherweise spielten hier die unmenschlichen Bedingungen der Haft eine Rolle), und er starb bereits im August 1937 an Tuberkulose.

Ereignisse während der Entstehungszeit des Romans

Die Bedeutung der Bürgerrechtsbewegung

Neben diesen drei oben beschriebenen Fällen, die allein schon reichlich Stoff für einen Roman über Rassismus und Ungerechtigkeit liefern, sind auch Ereignisse zu nennen, die sich während der Entstehungszeit von *To Kill a Mockingbird* zutrugen, also Ende der 1940er Jahre bis etwa 1958, und den Roman beeinflusst haben könnten. Mitte der 1950er Jahre gewann die Bürgerrechtsbewegung, deren Anfänge schon vor

etw. an jdn. richten: to direct s.th. to s.o. **Bürgerrechtsbewegung:** civil rights movement

dem Ersten Weltkrieg zu suchen sind, an Bedeutung. Es ist gut vorstellbar, dass diese Entwicklung Lee während der Arbeit an *To Kill a Mockingbird* beeinflusst hat.

Ein einschneidendes Ereignis, das Lee sicherlich nicht entgangen ist, ist eine historische Entscheidung des Obersten Gerichtshofs, die unter dem Namen Brown versus Board of Education bekannt wurde: Die National Association for the Advancement of Colored People (NAACP, eine 1909 gegründete Organisation, die sich für die Rechte und Anliegen der afroamerikanischen Bevölkerung einsetzt) verfolgte bereits seit Jahrzenten das Ziel, die Segregation für verfassungswidrig zu erklären. Am 17. Mai 1954 fiel dann endlich die Entscheidung, dass die Segregation nach Rasse an Schulen mit der US-amerikanischen Verfassung nicht vereinbar sei. Damit wurde die vorher fast einhundert Jahre lang geltende Rechtsprechung aufgehoben.

Neben dieser positiven politischen Entwicklung gab es dennoch immer wieder Zwischenfälle, die die Gesellschaft erschütterten. Im August 1955 reiste der 14-jährige Emmett Till nach Mississippi, um Verwandte zu besuchen. Als er dort in Begleitung eines Cousins in einem Gemischtwarenladen einkaufte, kam es zu einer unschönen Begegnung mit Carolyn Bryant, der Frau des Inhabers. Es wurde nie geklärt, was genau vorfiel: Entweder habe er einen bewun-

Der Fall Emmett Till

etw. aufheben: to abolish s.th.

dernden Pfiff ausgestoßen, oder (so die Version des Opfers) die Frau sogar angefasst und etwas Unanständiges gesagt. Einige Tage nach diesem vermeintlichen Vorfall wurde Emmett Till vom Inhaber des Ladens, Roy Bryant, und dessen Halbbruder entführt, geschlagen und erschossen. Die Leiche wurde in einen Fluss geworfen. Es handelte sich um Lynchjustiz aus rassistischen Gründen. Dennoch sprach eine aus weißen Männern bestehende Jury beide Angeklagten frei. Diese gaben später zu, den Jungen ermordet zu haben. Die Mutter des ermordeten Jungen erklärte wiederum, ihr Sohn habe keinen bewundernden Pfiff ausgestoßen, vielmehr sei sein Pfeifen Folge eines Sprachfehlers, der wiederum auf seine Polioerkrankung zurückging:

> »He had particular trouble with b's and m's … He was trying to say ›bubble gum‹ but he got stuck. So he whistled … I taught him, whenever he had trouble stuttering, to blow it out … I can see him try to say ›bubble gum‹ and blowing or whistling in Mrs. Bryant's presence.«[5]

Die beschriebenen Fälle erinnern an das in Lees Roman beschriebene Schicksal von Tom Robinson: Die angeblichen Täter wurden zu Unrecht verurteilt. Insbesondere das Schicksal des jungen Emmett Till bleibt bis heute schockierend. Es ist schwer vorstellbar, dass es Lee nicht berührte.

Im darauffolgenden Jahr, Ende 1955, wurde die Ak-

Rosa Parks und Martin Luther King

tivistin Rosa Parks in Montgomery, Alabama, verhaftet, weil sie sich im Bus geweigert hatte, ihren Sitzplatz einem Weißen zu geben. Damit verstieß sie gegen bestehendes Recht. Parks wurde verhaftet und zu einer Geldstrafe verurteilt. Daraufhin boykottierten die Schwarzen die Busse. Erst nach 382 Tagen wurde der Boykott beendet, als die Stadt das Gesetz abschaffte. Dieser Protest war der Erste seiner Art und rückte Martin Luther King, der den Boykott mit organisierte, zum ersten Mal in den Mittelpunkt der öffentlichen Aufmerksamkeit.

Zusammenfassung

Es ist offensichtlich, dass keine der oben genannten ›Quellen‹ eine in dem Sinn ›echte‹ Vorlage für Lees Roman darstellt, als sie für das gesamte Buch bestimmend wäre. Vielmehr spiegeln sich diese Quellen nur partiell, d.h. in bestimmten Aspekten des Romans, wider.

Die unangenehme, aber leider nicht näher dokumentierte Erfahrung, die Lees Vater als junger Anwalt bei der aussichtslosen Verteidigung von zwei Schwarzen machte, erinnert z.B. sehr an Atticus' starke Abneigung gegenüber dem Strafrecht. Auch Atticus, so wird auf den ersten Seiten des Romans erklärt, musste als Strafverteidiger an einem Prozess teilnehmen, den er unmöglich gewinnen konnte: »His first two

etw. boykottieren: to boycott s.th.

clients were the last two persons hanged in the Maycomb County jail« (S. 4 f.). Allerdings spielte in diesem Fall die Rasse der Beschuldigten keine Rolle, beide waren geständig und ohne Zweifel schuldig. Der Prozess und die Tatsache, dass er die Hinrichtung miterleben musste, wird von Scout als »beginning of my father's profound distaste for the practice of criminal law« (S. 5) bezeichnet.

Bei der Verurteilung der Scottsboro Boys geht es, wie in *To Kill a Mockingbird*, um eine angebliche Vergewaltigung, die – wie sich später herausstellt – gar nicht stattgefunden hat. Die drohende Gefahr, die in diesem historischen Fall von den aufgebrachten Bürgern ausging, die Selbstjustiz üben wollten, erinnert an die Schlüsselszene in Lees Roman, in der Atticus den gefangenen Tom Robinson bewacht.

Die Aufhebung der Rassentrennung durch den Obersten Gerichtshof 1954 (Brown versus Board of Education) hat Lee mit Sicherheit wahrgenommen. Die Segregation ist jedoch kein Hauptthema des Romans. Der Fall Rosa Parks und die wachsende Bürgerrechtsbewegung ist also vielmehr als Hintergrund zur Entstehungsgeschichte des Romans zu betrachten. Auf die Bewegung, die für die Durchsetzung der Sammelklagen gegen die Segregation an Schulen eine große Rolle spielte, die NAACP, wird jedoch im Roman durchaus angespielt: Die Frau des Präsidenten

Eleanor Roosevelt und die NAACP

geständig sein: to have confessed | **Sammelklage:** class-action

Franklin D. Roosevelt war der NAACP beigetreten. Bei einem Treffen, das 1938 in Birmingham stattfand und bei dem die beiden ›Rassen‹ getrennt voneinander platziert wurden, weigerte sie sich, diese Form der Segregation zu unterstützen. Sie setzte sich stattdessen in den Zwischengang, d. h. zwischen die beiden ›Rassen‹. Dieser Vorfall wird auch in *To Kill a Mockingbird* kurz erwähnt. So wundert sich Mrs Merriweather, eine der Teilnehmerinnen des Missionskreises, über das Verhalten Frau Roosevelts: »coming down to Birmingham and tryin' to sit with'em« (S. 258).[6]

Das Umfeld Lees als bedeutendste ›Quelle‹

Da sich die Autorin von *To Kill a Mockingbird* in erster Linie für ihr unmittelbares Umfeld interessierte und sich nie zu politischen Themen von nationaler Bedeutung äußerte, scheint es naheliegend, dass von den genannten ›Quellen‹ vor allem die beiden Ereignisse von großer Bedeutung sind, die ihre Familie persönlich berührten: 1) die Erfahrung des eigenen Vaters als junger Anwalt (nimmt man an, dass er später darüber berichtete) und 2) der Fall Walter Lett, der ja auch unmittelbar mit dem Leben des Vaters zusammenhing, da die Lokalzeitung, an der er beteiligt war, kritisch hierüber berichtete. Im Zusammenhang mit dem Fall Lett fällt zudem auf, dass die Jury eine sehr lange Beratungszeit benötigte, um zu einem Urteil zu kommen. Auch in *To Kill a Mockingbird* braucht die Jury ungewöhnlich lang, um Tom Robinson schuldig

unmittelbares Umfeld: immediate environment (*or*: surroundings)

zu sprechen. Weitere Parallelen zwischen historischem Ereignis und Roman sind die Einbindung der Lokalzeitung in das Geschehen sowie die Überzeugung der Bürger, der Angeklagte sei unschuldig. Schließlich sterben in beiden Fällen die Schuldiggesprochenen noch in der Haft. All diese Gemeinsamkeiten weisen daraufhin, dass der Fall Walter Lett Harper Lee vertraut war und in ihren Roman eingeflossen ist.

6. Interpretationsansätze

Der Ort der Handlung

Maycomb – der fiktive Handlungsort

Im ersten Kapitel erfahren wir Folgendes über den fiktiven Ort Maycomb:

> »Maycomb was an old town, but it was a tired old town when I first knew it. In rainy weather the streets turned to red slop; grass grew on the sidewalks, the court-house sagged in the square. Somehow, it was hotter then; a black dog suffered on a summer's day; bony mules hitched to Hoover carts flicked flies in the sweltering shade of the live oaks on the square. Men's stiff collars wilted by nine in the morning. Ladies bathed before noon, after their three o'clock naps, and by nightfall were like soft teacakes with frostings of sweat and sweet talcum.
>
> People moved slowly then. They ambled across the square, shuffled in and out of the stores around it, took their time about everything. A day was twenty-four hours long but seemed longer. There was no hurry, for there was nowhere to go, nothing to buy and no money to buy it with, nothing to see outside the boundaries of Maycomb County. But it was a time of vague optimism for some of the people; Maycomb County had recently been told that it had nothing to fear but fear itself.« (S. 5 f.)

Hier spricht ganz offensichtlich die Stimme der alten Scout, die bestimmte Merkmale Maycombs rückblickend beschreibt und nun in teilweise poetischer Prosa hervorhebt. Müdigkeit und Alter sind die auffälligen Merkmale des Ortes Maycomb. Die Straßen sind primitiv und nach Regenfällen kaum befahrbar. Besonders vielsagend ist die erste Erwähnung des Gerichtsgebäudes: »sagged in the square«. Sprachlich handelt es sich dabei um eine von vielen Alliterationen im Text (»suffered on a summer's«, »flicked flies«, »sweltering shade«, »sweat and sweet«, ja auch »tired old town«), die dem Text einen durchaus poetischen Aspekt verleihen. Die Konnotationen von »sag« in Bezug auf das Gerichtsgebäude sind vielsagend: Scheinbar ohne Energie, ohne eigene Kraft, ohne feste Struktur steht es da – dies sind zugleich Eigenschaften des Rechtswesens, wie sich beim Prozess um Tom Robinson zeigen wird.

Die Infrastruktur Maycombs lässt generell zu wünschen übrig. Allerdings spielt es auch keine große Rolle, dass die Straßen nur bedingt befahrbar sind, denn die Wirtschaft stagniert in Maycomb und es gibt entsprechend wenig Verkehr. Es gibt weder Geldmittel noch Waren, mit denen man vorhandene Güter kaufen bzw. eintauschen könnte. Dienstleistungen werden häufig nicht mit Geld, sondern mit Lebensmitteln bezahlt (auch Atticus' Dienstleistungen als Anwalt). Selbst die Maultiere sind unterernährt, die

Mangelnde Infrastruktur und stagnierende Wirtschaft

Konnotation: connotation | **zu wünschen übrig lassen:** to leave a lot to be desired | **unterernährt:** under-nourished

Gefährte, die sie ziehen sollen, primitiv. Bei einem »Hoover cart« (benannt nach dem Präsidenten Herbert Hoover, der während der Wirtschaftskrise regierte) handelt sich um ein improvisiertes Gefährt: Man entfernte den Motor und andere schwere Teile aus einem Pkw (Kraftstoff konnte man sich in dieser Zeit ohnehin nicht leisten) und ließ den Wagen von einem Pferd ziehen.

Die Begrenztheit Maycombs

Langsamkeit ist ein weiteres Kennzeichen des Handlungsorts. Die Erzählerin lenkt die ganze Aufmerksamkeit des Lesers auf die Langsamkeit und Begrenztheit des Maycomb County. Am Ende des Abschnitts schließlich findet sich ein Hinweis auf den historischen Zusammenhang des Geschehens. Dort heißt es: »Maycomb County had recently been told that it had nothing to fear but fear itself«. »We have nothing to fear but fear itself« hatte der Ende 1932 gewählte US-Präsident Franklin D. Roosevelt in seiner Antrittsrede verkündet, ein Hinweis darauf, dass die Handlung des Romans im Sommer des Jahres 1933 beginnt. Roosevelt richtete seine Worte natürlich an die ganze Nation, aber Maycomb County stellt ja in den Augen nicht nur der Erzählerin, sondern wohl auch in den Augen der dortigen Bewohner die ganze Welt dar, ein Hinweis auf den Regionalismus und zugleich kennzeichnend für die Fixierung auf das lokale Geschehen im Roman. Insgesamt erweist sich der oben

improvisiertes Gefährt: improvised vehicle | **Antrittsrede:** inaugural speech

zitierte Abschnitt somit als äußerst subtile und vielschichtige Einleitung in den Roman, dessen Schauplatz von zentraler Bedeutung ist.

Die wichtigsten Schauplätze

Die Erzählerin widmet sich auch an anderen Stellen mit Bedacht der Beschreibung der wichtigsten Schauplätze. Das Gefängnis beschreibt sie beispielsweise als zugleich »venerable« und »hideous« (S. 165), also als ›ehrwürdig‹ und ›hässlich‹. Das Abstoßende rührt daher, dass das Gebäude in einem neugotischen Stil gebaut ist und zwischen den profanen Gebäuden Maycombs umso mehr auffällt. Niemand würde aufgrund des äußeren Eindrucks ahnen, so die Erzählerin, dass dieses Gebäude »full of niggers« (S. 166) sei.

Das Gerichtsgebäude ist ebenso bewusst gestaltet und zeigt, dass Maycomb auch architektonisch in Nord und Süd geteilt ist: Blickt man auf die Nordseite des Gerichtsgebäudes, so sieht man ein unauffälliges Gebäude; blickt man hingegen auf die Südseite, so fallen die Säulen des ursprünglichen Gebäudes auf, die noch an die Tage vor dem Brand im Jahr 1865 (und damit vor dem Bürgerkrieg) erinnern. Das neue Gerichtsgebäude wird um diese alten Säulen herumgebaut (bemerkenswert vor allem deswegen, weil diese mächtigen Säulen nicht mehr nötig sind, sie sind »too heavy for their burden« (S. 179)). Man kann darin ein Symbol dafür sehen, dass der Süden, speziell die Bewohner Maycombs, an vergangenen Zeiten festhalten

vielschichtig: complex, multilayered | **neugotisch:** neogothic | **architektonisch:** architecturally

möchten, was insbesondere auch die Behandlung der schwarzen Bevölkerung betrifft. Dies wird ja auch von der Erzählerstimme hervorgehoben: »determined to preserve every physical scrap of the past« (S. 179). Eine klare architektonische Gestaltung, die Gerechtigkeit symbolisieren soll und wie sie für viele Gerichtsgebäude im 19. Jahrhundert typisch ist, sieht anders aus. In Maycomb herrscht in der Architektur historische und ideologische Verwirrung.

Aber der Roman stellt dennoch keine generelle Verurteilung des rückständigen Südens dar. So präsentiert Lee doch einige Figuren, die ihr Handeln nicht nach Traditionen und Überlieferungen ausrichten, sondern nach festen Prinzipien und eigenen Überzeugungen handeln. Zu dieser Gruppe gehört natürlich Atticus, aber auch Miss Maudie, Mr Underwood, Heck Tate, Link Deas und einige andere. So ist der Roman nicht zuletzt eine Botschaft der Hoffnung, die darin besteht, dass das Handeln einzelner Personen den Süden irgendwann in eine andere, bessere Richtung lenken könnte.

Rassismus

Rasse als soziales Konstrukt

›Rasse‹ ist ein soziales Konstrukt. Theorien, die Menschen wegen ihres Aussehens in unterschiedliche biologische ›Rassen‹ einteilen, sind aus wissenschaftlicher Sicht schlichtweg nicht haltbar. Die Geschichte

rückständig: backward | **soziales Konstrukt:** social construct

des Rassismus im Sinne einer pseudowissenschaftlichen Hierarchie der Rassen und der Menschentypen reicht bis ins 19. Jahrhundert zurück. Dieser Gedanke einer Hierarchisierung nach Rassenzugehörigkeit entspricht im Wesentlichen dem, was Atticus meint, wenn er am Ende von Kapitel 13 – etwas verlegen – versucht, den Kindern Aunt Alexandras Idee von »gentle breeding« zu vermitteln. Wenn *To Kill a Mockingbird* ein Buch über den Rassismus ist, dann eben nicht nur über die Trennung von Schwarzen und Weißen, sondern auch darüber, wie die Idee des Rassismus als Konstrukt funktioniert.

Aber der Rassismus hat nicht nur wissenschaftliche, sondern auch historische Hintergründe: Im Amerikanischen Bürgerkrieg (1861–65) kämpften die Staaten des Nordens (Union) gegen die Staaten im Süden (Confederate). Es ging dabei in erster Linie um die Frage der Sklaverei, von der die Südstaaten wirtschaftlich abhängig waren (denn die ganze Baumwollindustrie wäre ohne Sklaverei nicht denkbar gewesen). Im Jahr 1850 lebten etwa 3,5 Millionen Schwarze in den Südstaaten (auch deswegen *slave states* genannt), wovon etwa 3,2 Millionen Sklaven waren, die von den Weißen gekauft und verkauft wurden. Ein Ergebnis des Bürgerkrieges war die Befreiung der Sklaven. Dennoch blieb im Allgemeinen die ungerechte, überhebliche Einstellung der Weißen

pseudowissenschaftlich: pseudo-scientific | **Hierarchie:** hierarchy | **Befreiung:** liberation

den Schwarzen gegenüber unverändert. So sahen sie sie noch immer als zweitklassige, teilweise nicht mal menschliche Wesen an und behandelten sie entsprechend schlecht. Unmittelbar nach Beendigung des Bürgerkriegs wurde der Ku Klux Klan gegründet mit dem Hauptziel, die Schwarzen daran zu hindern, die neu gewonnene Freiheit ausleben zu können. Gewalt, Mord und Einschüchterung waren gängige Methoden. Als Organisation ist der Ku Klax Klan in den 1930er Jahren nicht mehr von großer Bedeutung, aber die Methoden der Einschüchterung und Gewalt bis hin zu Mord sind geblieben, von der rassistischen Gesinnung ganz abgesehen. Der Ku Klux Klan wird in *To Kill a Mockingbird* erwähnt, einmal, weil Atticus etwas naiv meint, der Ku Klux Klan sei verschwunden, um nie wieder zurückzukehren (»The Ku Klux' is gone. […] It'll never come back.«, S. 162).

Die Nachwirkungen der Sklaverei sind bis heute in den Vereinigten Staaten zu spüren. Die Segregation, die Rassentrennung also, hielt bis in die 1960er Jahre an. Die sogenannten Jim Crow-Gesetze (Jim Crow ist eine beleidigende Bezeichnung für einen Schwarzen, die das Stereotyp eines tanzenden, singenden, unterdurchschnittlich intelligenten Schwarzen bedient) sorgten dafür, dass in vielen Staaten bis zur offiziellen Abschaffung im Jahr 1964 durch den Civil Rights Act in fast allen öffentlichen Räumen und Einrichtungen

Einschüchterung: intimidation | **Gesinnung:** attitude, conviction | **Nachwirkung:** after-effects, consequences

Rassentrennung herrschte – mit schwerwiegenden Folgen für Gesundheit, Wohlstand und Bildungsgrad der schwarzen Bevölkerung. Auch Lees Vater hielt die Segregation für sinnvoll, so plädierte er beispielsweise für Segregation in kirchlichen Angelegenheiten.

Segregation im Gerichtssaal

Die Segregation in Gerichtssälen ist somit ein normaler Teil des Lebens in den 1930er Jahren. Die Tatsache, dass die Kinder im Roman auf der Galerie, die den Schwarzen vorbehalten ist, Platz finden, ist bereits als ein starkes Plädoyer für die Abschaffung der Rassentrennung zu sehen. Neben dieser Form der Rassentrennung finden sich in *To Kill a Mockingbird* viele Beispiele für negative Verhaltensweisen und Einstellungen der Weißen gegenüber den Schwarzen. Beispielsweise wird die Kirche der Schwarzen unter der Woche von den Weißen missbraucht: »Negroes worshipped in it on Sundays and white men gambled in it on weekdays« (S. 130). In herablassender und entwürdigender Sprache äußert sich Mrs Merriweather, die gerade noch die Arbeit von J. Grimes Everett in Afrika gelobte hatte, über ihr Personal: »there's nothing more distracting than a sulky darky [...]. Just ruins your day to have one of 'em in the kitchen« (S. 256). Bei den »weekday gestures of respectful attention« (S. 131), welche die Schwarzen in der Kirche den Kindern entgegenbringen, handelt es sich eher

Wohlstand: prosperity | **Bildungsgrad:** level of education | **herablassend:** condescending | **entwürdigend:** degrading

um den Ausdruck der herrschenden Machtverhältnisse als um Höflichkeitsgesten.

Mit dem Rassismus geht eine Heuchelei einher, die im Roman auf subtile Weise, aber doch scharf verurteilt wird. Miss Merriweather beneidet und bewundert J. Grimes Everett, da er im afrikanischen Dschungel den Mrunas hilft (S. 254); dabei gäbe es genug Hilfsbedürftige direkt vor Ort, denen man etwas Gutes tun könnte. Miss Gates wiederum, die im Schulunterricht Hitlers Judenverfolgung thematisiert und für verachtenswert hält, regt sich nach dem Prozess in unmissverständlicher Weise über die Schwarzen auf, was Scout mitbekommt: »I heard her say it's time somebody taught 'em a lesson, they were gettin' way above themselves« (S. 272). Scout fragt zu Recht: »[...] how can you hate Hitler so bad an' then turn around and be ugly about folks right at home –?« (S. 272)

To Kill a Mockingbird verurteilt ganz offensichtlich die Heuchelei und die menschenverachtende Gehässigkeit, die in all diesen Handlungsweisen an den Tag gelegt wird. Doch die eigentlich zentrale Frage, die *To Kill a Mockingbird* aufwirft, ist gerade angesichts der zeitgeschichtlichen Hintergründe des Romans, folgende: Kann das Gesetz diese Situation ändern? Die Gesetze, die in den 1950er und 1960er Jahre verabschiedet wurden (Civil Rights Act, 1964), haben in der

herrschende Machtverhältnisse: current power structures | **Höflichkeitsgeste:** courteous gesture | **Hilfsbedürftige:** the needy, people in need of help | **Gehässigkeit:** spitefulness

Summe zu einer Gleichstellung aller Mitglieder der US-amerikanischen Gesellschaft geführt. Aber ist eine Botschaft des Romans nicht die offensichtliche Wirkungslosigkeit solcher Gesetze? Schließlich ist in *To Kill a Mockingbird* das Gesetz auf der Seite Tom Robinsons. Er hätte freigesprochen werden müssen. Doch die rassistische Borniertheit der Männer in der Jury und die Gleichgültigkeit gegenüber einem anderen Menschenleben überwiegen und führen zu Tom Robinsons Tod.

Wirkungslosigkeit der Gesetze?

Die Machtlosigkeit in Bezug auf den Rassismus ist auch institutioneller Art: Während des Prozesses wird Link Deas, der sich für Tom Robinson einsetzen möchte, des Saals verwiesen. Warum? Weil seine Interjektion aus formalen Gründen mit dem Prozess nicht vereinbar ist und dadurch die Integrität des Gerichts bedroht. Es ist hochironisch, dass allein schon die Zusammensetzung der Jury und auch allein bereits der Verhandlungsort einen fairen Prozess unmöglich machen. Hiergegen kann der Richter jedoch nichts unternehmen. Sein Handlungsspielraum beschränkt sich darauf, ausgerechnet den einzigen Zuschauer, der sich für Tom Robinson ausspricht, des Saales zu verweisen.

Die Frage, ob Atticus als Vorbild gelten kann, wenn es um die Bekämpfung von Rassismus geht, ist oft

Machtlosigkeit: powerlessness | **Integrität:** integrity | **Handlungsspielraum:** room for manoeuvre | **Vorbild:** role-model

und mitunter sehr kontrovers diskutiert worden. Wenn es um die Gründe dafür geht, dass er Tom Robinson verteidigt, ist es auffällig, dass Atticus nicht einmal seinen schwarzen Mandanten erwähnt, sondern vielmehr immer nur selbstbezogene Rechtfertigungen liefert:

> »›The main one is, if I didn't I couldn't hold up my head in town, I couldn't represent this country in the legislature, I couldn't even tell you or Jem not to do something again.‹« (S. 83)

Es ist nicht zu übersehen, dass jede Begründung mit »I« beginnt. Ein Kritiker erklärt, dass Atticus zwar heroisch handle, dies aber aus einer elitären Position heraus tue.[7] Man kann sogar sagen, Atticus verteidigt Tom Robinson, weil er andernfalls den Verlust seiner Macht fürchtet. Jahrzehntelang galt die literarische Figur Atticus' als Vorbild für junge Anwälte. Inzwischen schaut man etwas genauer hin und kommt zu dem Schluss, dass er, um genuinen Vorbildcharakter zu besitzen, sich des Falls freiwillig (und nicht erst nach der gerichtlichen Bestellung) hätte annehmen müssen. Stattdessen lebt er, so weise und tolerant er auch ist, weitgehend passiv in Maycomb und duldet so zumindest implizit die herrschenden Zustände.

Atticus – ein fragwürdiges Vorbild

Erwähnenswert ist in diesem Zusammenhang auch, dass Atticus zwar gegen den Gebrauch des Wortes

Mandant: client | **elitär:** elitist | **etw. dulden:** to tolerate s.th.

nigger ist, was ihn fortschrittlich und menschlich erscheinen lässt. Allerdings sind seine Gründe hierfür eher Gründe des Anstands: Seine Kinder sollen sich nicht auf ein niedriges Niveau herablassen (»Don't say nigger, Scout. That's common«, S. 83). Von den rassistischen Vorurteilen, die dem Wort innewohnen und die es zu einem der am stärksten tabuisierten Wörter der englischen Sprache machen sollten, ist an keiner Stelle die Rede. Ja, das Wort *racist* bzw. *racism* kommst im Roman kein einziges Mal vor. Trotzdem übt *To Kill a Mockingbird* offensichtliche Kritik am Rassismus und den damals herrschenden Zuständen.

In den Augen der Rassisten und Segregationsbefürworter der 1930er Jahre war bereits die bloße Möglichkeit sexuellen Kontakts zwischen Schwarz und Weiß eine äußerst schockierende Vorstellung (am brisantesten waren Beziehungen zwischen schwarzen Männern und weißen Frauen). Die Tabuisierung der ›Rassenmischung‹ (ein in der deutschen Sprache schwer belastetes Wort) war stark ausgeprägt. Die in der Nachkriegszeit herrschende irrationale Sorge, die schwarze Bevölkerung möchte vor allem deswegen gleiche Rechte haben, um sexuelle Beziehungen mit Weißen zu haben, ist gut dokumentiert.[8] Im Roman kommen diese Ängste in Miss Gates' Sorge zum Ausdruck, die Schwarzen werden Weiße bald sogar heiraten wollen (S. 272). Atticus widmet sich in seinem

fortschrittlich: progressive | **sich herablassen:** to lower oneself | **brisant:** explosive

Mayellas Tabubruch

Schlussplädoyer in erstaunlich direkter und offener Weise diesem Tabu: »She did something that in our society is unspeakable: she kissed a black man« (S. 225). Dass Mayella dieses Tabu bricht, bedeutet allerdings nicht ihren Untergang, sondern denjenigen Tom Robinsons.

Kindheit und Erwachsenwerden

To Kill a Mockingbird als Entwicklungsroman

To Kill a Mockingbird kann man trotz der verhältnismäßig kurzen Erzählzeit als Entwicklungsroman bezeichnen. So zeigt der Roman verschiedene Einflüsse auf Scouts und Jems Entwicklung auf. Meist wird die Entwicklung der Kinder dabei durch Personen geprägt, die ihnen wichtige Lektionen vermitteln. Von Calpurnia lernt Scout etwa, den Mitmenschen Höflichkeit und Respekt entgegenzubringen; von Atticus, Toleranz, Gelassenheit und Empathie zu üben; von Alexandra, eine ›Dame‹ zu sein – oder es zumindest zu versuchen.

Die Entwicklungsphasen der Kinder

Häufig werden Jem und Scout kontrastiert und als Kinder präsentiert, die sich in deutlich unterschiedlichen Entwicklungsphasen befinden. Sosehr uns Scout als Erzählerstimme bezaubert und an Eindringlichkeit gewinnt, wir erfahren deutlich mehr über Jems Entwicklung als über ihre eigene: Jem organisiert den Bau des Schneemanns nicht als Spiel, son-

Entwicklungsroman: coming-of-age novel | **jdn. bezaubern:** to charm s. o.

dern als Bemühen darum, die richtigen Ressourcen zu finden, und ermuntert Scout dazu, hart zu arbeiten. Jem wird in Kapitel 12 von Calpurnia »Mister Jem« (S. 127 u. ö.) genannt. Und Jem ist stolz auf seine ersten Brusthaare, die ersten Anzeichen seiner körperlichen Reife. Auch emotional ist Jem weiter in seiner Entwicklung als Scout und zeigt zuweilen eine bemerkenswerte Reife. Als Nathan Radley das Astloch, in dem sie immer wieder kleine Überraschungen gefunden haben, mit Zement füllt, ist Scout enttäuscht und weint sofort, denn das bedeutet in erster Linie, dass sie dort keine Geschenke mehr finden wird. Jem hingegen reagiert anders: Er weint und ärgert sich zwar auch, allerdings tut er das erst, als er begreift, dass Nathan Radley den Kontakt seines Bruders zu den Kindern kaltherzig unterbrochen hat. Jems Wut ist an dieser Stelle auch als Vorbote seiner Verzweiflung über den Prozessausgang zu verstehen. Scout behält dagegen bis zum Schluss ihre kindliche Naivität und ihren Optimismus (sie ist schließlich erst 8 Jahre alt). Es ist bezeichnend, dass sie am Schluss des Romans auf dem Schoß des Vaters einschläft.

Der gemeinsame Freund Dill bleibt, obwohl er älter als Scout ist, ebenfalls sehr stark mit der Kindheit assoziiert. Er fehlt ja auch, als die Erwachsenenwelt gegen Ende des ersten Teils des Romans über die Kinder hereinbricht. Das Wiederauftauchen Dills im 14. Ka-

Brusthaare: chest hair | **Wiederauftauchen:** reappearance

pitel bietet einerseits für Scout zunächst eine Möglichkeit, die Sorgen und Konflikte der Erwachsenenwelt zu vergessen; andererseits wird durch die Interaktion der drei Kinder klar, wie schnell sich Jem verändert: Er informiert Atticus darüber, dass Dill von zu Hause ausgerissen und zu ihnen gekommen ist, weil er weiß, welches Verhalten Erwachsene von ihm erwarten. Scout empfindet dies als Verrat, ja sogar als Ende ihrer gemeinsamen Kindheit: »Then he rose and broke the remaining code of our childhood« (S. 155). Als Jem dann die beiden jüngeren Kinder abends in den Ort führt, um nach seinem Vater zu sehen, der vor dem Gerichtsgebäude Wache hält, wird Jems Reife sogar äußerlich sichtbar: Als er neben Atticus steht und sich weigert, nach Hause zu gehen, fällt Scout auf, dass ihr Bruder in dieser Situation seinem Vater, obwohl er die Züge seiner Mutter trägt, doch sehr ähnelt: »Mutual defiance made them alike« (S. 168).

Jems Reife ist allerdings durchaus noch beschränkt: Beispielsweise ist dem Jungen noch nicht klar, dass die Blume, die Mrs Dubose ihm zukommen lässt, den Glauben an das Gute in jedem versinnbildlicht. Genau aus diesem Grund jedoch, damit Jem das Gute in seinen Mitmenschen erkennen lernt, hatte Atticus seinen Umgang mit der alten Frau erzwungen. Jem ist aber noch nicht so weit, dass er begreifen kann, dass in einem Menschen sowohl das Gute als auch das Bö-

etw. versinnbildlichen: to symbolize s.th.

se nebeneinander bestehen können. Er kann nicht akzeptieren, dass an einer gehässigen alten Frau wie Mrs Dubose irgendwas Gutes sein kann.

Die gemeinsamen Abenteuer der Kinder im ersten Teil des Romans sind trotz der drohenden Konflikte von Unbeschwertheit geprägt; gleichzeitig findet auch schon hier eine Interaktion mit den Erwachsenen Maycombs statt. Einige dieser Begegnungen sind furchterregend und unangenehm (Nathan Radley), andere spielen für ihre Sozialisation eine große Rolle (Calpurnia). Die Kinder lernen zwischen bloßem Gerede und der Wahrheit zu unterscheiden. Beispielsweise werden die Geschichten über Boo – dass er nachts umherstreift und durch die Fenster schaut, dass er Tiere isst, dass er vielleicht sogar schon tot ist – durch seine guten Taten als Phantasiegeschichten und dummes Gerede entlarvt. Der Höhepunkt dieser Entwicklung ist ohne Zweifel der Augenblick, als Scout auf der Terrasse des Radley-Hauses steht, Boos Perspektive einnimmt und die vergangenen Geschehnisse, wie sie sich aus seiner Sicht abgespielt haben, reflektiert:

■ Interaktion mit der Erwachsenenwelt

»It was summer-time, and two children scampered down the sidewalk towards a man approaching in the distance. The man waved, and the children raced each other to him.

It was still summer-time, and the children came

umherstreifen: to roam (*or*: prowl) around

closer. A boy trudged down the sidewalk dragging a fishing pole behind him. A man stood waiting with his hands on his hips. Summer-time, and his children played in the front yard with their friend, enacting a strange little drama of their own invention.

It was fall, and his children fought on the sidewalk in front of Mrs Dubose's. The boy helped his sister to her feet, and they made their way home. Fall, and his children trotted to and fro around the corner, the day's woes and triumphs on their faces. They stopped at an oak tree, delighted, puzzled, apprehensive.

Winter, and his children shivered at the front gate, silhouetted against a blazing house. Winter, and a man walked into the street, dropped his glasses, and shot a dog.

Summer, and he watched his children's heart break. Autumn again, and Boo's children needed him.

Atticus was right. One time he said you never really know a man until you stand in his shoes and walk around in them. Just standing on the Radley porch was enough.« (S. 307 f.)

In dieser Textpassage praktiziert und exerziert Scout das durch, was sie von ihrem Vater gelernt hat, nämlich sich in die Lage anderer hineinzuversetzen. Die Episoden, die sie selbst erlebt hat (der Schuss auf den Hund, das Entdecken der Geschenke im Astloch usw.), über die sie zuvor selbst aus ihrer Perspektive berichtet hat, werden nun zu aus einer Distanz heraus beobachteten Ereignissen, und zwar beobachtet aus der Perspektive Boos. Dabei ist dessen Perspektive durchaus nicht nur die Perspektive eines teilnahmslosen Beobachters, sondern Scout imaginiert, wie Boo von den Ereignissen berührt wird und schließlich den Kindern – »seinen Kindern« – in der Stunde ihrer größten Not zu Hilfe eilt.

Kindheit und Erwachsenwerden sind fest mit den erzieherischen Bemühungen der Eltern verbunden. Die Schlussszene des Romans versinnbildlicht diesen Aspekt: Scout, die nun im Alter von 8 Jahren bereits in der Lage ist, zwischen Gut und Böse zu unterscheiden, wird vom weisen und fürsorglichen Vater Atticus gehalten. Er liest ihr dabei aus dem Kinderroman *The Grey Ghost* (von Robert F. Schulkers) vor, in dem eine Figur zu Unrecht beschuldigt und verfolgt wird. Die Handlung dieses Kinderromans spiegelt also die Erfahrungen, die Scout gerade verarbeitet, und somit zugleich auch die Handlung von *To Kill a Mockingbird* wider.

Kindheit und Rechtswesen

Neben dieser Erkundung der kindlichen Entwicklung befasst sich der Roman auch mit dem Thema Kindheit und Rechtswesen. Schon das Motto »Lawyers, I suppose, were children once«, das dem Text vorangestellt ist, deutet darauf hin, dass es eine wichtige Verbindung zwischen diesen beiden scheinbar so entfernten Welten gibt. Dieses Motto stammt

zu Hilfe eilen: to rush to s.o.'s defence

von Charles Lamb (1775–1834), der heute vor allem noch für seine kindergerechten Nacherzählungen von Shakespeare-Stücken bekannt ist, die er gemeinsam mit seiner Schwester Mary verfasste. Die Kindheit gilt als unbeschwerte Zeit, in der man sich nicht nach schriftlich fixierten Regeln, sondern nach dem Verhalten von Respektspersonen richtet bzw. instinktiv weiß, was gut und richtig, was schlecht und falsch ist. Demgegenüber erscheint das Rechtswesen mit seiner schriftlich fixierten Gesetzgebung und deren Auslegung als oft verwirrend, ineffektiv, und kontraintuitiv.

Nachdem Scout, in dem sie mit Mr Cunningham sprach, ihren Vater vor einem Übergriff des Mobs bewahrt hatte, bemerkte Atticus »maybe we need a police force of children« (S. 173). In diesem Sinne handelt Mr Underwood, der Inhaber der Lokalzeitung, indem er in seinem wichtigen Leitartikel nach dem Tod Tom Robinsons keine verwirrenden Begriffe wie etwa »miscarriage of justice« verwendet, vielmehr schreibt er in einer so klaren Sprache, dass auch Kinder seine Botschaft verstehen könnten (»so children could understand«, S. 265). *To Kill a Mockingbird* lässt sich als Plädoyer für eine Aufwertung der kindlichen Sicht der Dinge lesen: Gesetze sollten demnach mit dem klaren und unbestechlichen Blick des kindlichen Verstands ausgelegt werden.

unbeschwert: carefree

Gender und Familie

Abgesehen vom biologischen Geschlecht gibt es andere Aspekte menschlichen Verhaltens, die uns als typisch männlich oder weiblich kennzeichnen und die von Kultur zu Kultur und von Zeitalter zu Zeitalter variieren können. Die Bezeichnung ›Gender‹ hat sich durchgesetzt, um dieses ›soziale Geschlecht‹ zu kennzeichnen. Der Ansatz des zuweilen umstrittenen und ideologisch aufgeladenen Gebiets ›Gender Studies‹ kann für die Lektüre von *To Kill a Mockingbird* durchaus fruchtbar gemacht werden, allein schon deswegen, weil in *To Kill a Mockingbird* heterosexuelle Beziehungen interessanterweise fast völlig fehlen. Der Roman ist von Unverheirateten und Verwitweten bevölkert, und von solchen, die eine Abneigung gegen die Ehe haben: Miss Maudie, Miss Stephanie, Miss Rachel, Mrs Dubose, Mr Avery, Nathan und Arthur Radley, von der Hauptfigur Atticus ganz zu schweigen. Nach Ansicht der guten Bürger Maycombs hätte Atticus wieder heiraten müssen (in der Filmversion wird auf subtile Art und Weise eine Nähe zwischen ihm und Miss Maudie suggeriert, als wäre dieses im Roman auffällige Unbehagen, das mit heterosexuellen Beziehungen verbunden ist, für das Kinopublikum abzumildern). Auch Onkel Jack interessiert sich nicht fürs Heiraten und hält sich lieber eine Katze: »She was a beautiful yellow female Uncle Jack said was

■ Geschlecht als soziale Konstruktion

biologisches Geschlecht: biological sex

one of the few women he could stand permanently« (S. 87). Der einzige Geschlechtsakt im Roman, die Vergewaltigung Mayellas durch Tom Robinson, ist eine Fiktion – und eine schreckliche und zerstörerische Lüge, die sich aus den verbotenen Annäherungsversuchen Mayellas an Tom Robinson ergibt. Zum Schluss sei angemerkt, dass durch diese Lüge die einzige intakte Familie im Roman, nämlich die Familie von Tom und Helen Robinson, zerstört wird.

Geschlechterrollen und der gesellschaftliche Druck

Zudem wird auch ein Grundgedanke der Gender Studies in *To Kill a Mockingbird* erkundet, nämlich dass wir Genderrollen entsprechen, die uns nicht angeboren sind, sondern die wir erlernen. Im Roman fallen eine Reihe von Bemerkungen, die den Druck thematisieren, einer bestimmten Geschlechterrolle zu entsprechen. Viele dieser Bemerkungen stammen von Aunt Alexandra, die selbst noch ihren Körper in eine weibliche Form zwingt, die sie für gesellschaftlich akzeptabel bzw. erwünscht hält: »[…] she chose protective garments that drew up her bosom to giddy heights, pinched in her waist, flared out her rear« (S. 141). Zudem hat Aunt Alexandra ganz bestimmte Vorstellungen, wie sich eine junge Dame zu verhalten und auch wie diese auszusehen hat. So erklärt sie Scout: »It won't be many years, Jean Louise, before you become interested in clothes and boys« (S. 140). Sie stellt sich vor, dass sich Scout für Geschirr und Handarbeiten interessieren und Schmuck tragen sol-

Geschlechtsakt: sexual act

le. Scouts Widerstand dagegen ist das Schweigen. Sie verhält sich noch nicht wie das kleine Mädchen, das Aunt Alexandra gerne hätte. In einer ausgesprochen komischen Szene verzichtet Scout auf ›weibliche‹ Tränen, als Dill sie zugunsten von Jem vernachlässigt, sondern verprügelt ihn lieber: »He staked me out [...], said I was the only girl he would ever love, then he neglected me. I beat him up twice but it did no good« (S. 46). Der Roman lässt offen, wie Scouts Entwicklung weitergeht.

Aunt Alexandra mag zwar eine ›Gender-Konformistin‹ sein, die Abweichungen nicht duldet, aber ihr Enkelsohn Francis, dessen Name insofern zweideutig ist, als er sowohl für Männer als auch Frauen gebräuchlich ist, interessiert sich für Mode und Kleidung – er wünscht sich zu Weihnachten »a pair of knee-pants, a red leather booksack, five shirts and an untied bow tie« (S. 89). Außerdem möchte er, sehr zur Belustigung Scouts, kochen lernen (S. 91). Auch Dill und Scout zeichnen sich offensichtlich durch Transgression der üblichen genderspezifischen Verhaltensweisen aus. Dill ist klein, und seine Kleidung unterstreicht eher seine Femininität (»blue linen shorts that buttoned to his shirt«, S. 8). Scout wiederum verschmäht ihren femininen Namen »Jean Louise« zugunsten eines Namens, der Abenteuer und Mut ausstrahlt. Sie zieht lieber Hosen als Kleider an und wünscht sich eine Schusswaffe als Weihnachtsgeschenk. Einerseits ist Scout ja noch ein Kind, und man könnte sagen, dass ein solches Verhalten nicht weiter verwunderlich ist; andererseits spielt die Identität Scouts im Kontext des Romans eine so wichtige Rolle, dass die Thematisierung dieser Nicht-Konformität kein Zufall sein kann.

Die »Southern womanhood«-Tradition

Schließlich ist für den Roman ein besonderes Frauenbild, nämlich das der *Southern womanhood* relevant. Unter *Southern womanhood* versteht man die Vorstellung, dass die Damen des Südens in besonderer Weise bewundert, respektiert und beschützt werden sollten. Eine wohlhabende Frau in den Südstaaten konnte (weil sie schwarze Sklaven hatte und sich um nichts kümmern musste) ganz ihrer eigenen Familie widmen, diese formen und unterstützen. Mit der Befreiung der Sklaven, meinte man damals, gehe ein niedrigerer Status der weißen Frauen einher. Auch Atticus unterstützt diese Vorstellung eines besonderen Frauentyps, erkennt aber zugleich, dass dieser letztlich eine Fiktion ist: Er sei »in favour of Southern womanhood as much as anybody, but not for preserving polite fiction at the expense of human life« (S. 162). Diese Bemerkung bezieht sich auf die nicht ausgesprochene Tatsache, dass selbst noch Mayella als Teil der Southern womanhood-Tradition betrachtet wird. Atticus weist mit seiner Bemerkung auf die Ungerechtigkeit hin, dass um die Ehre einer weißen Frau willen ein unschuldiger Mensch sterben muss. Scout bezieht die Bemerkung allerdings auf

Nicht-Konformität: non-conformity | **mit etw. einhergehen:** to be accompanied by s.th. | **nicht ausgesprochen:** unstated

sich, und meint, Alexandra und Atticus hätten sich über ihre Entwicklung als »junge Dame« unterhalten. Die sexuelle Identität der Figuren hat einen ganz entschiedenen Einfluss auf die Handlung: Ohne die damals herrschende Vorstellung, dass eine weiße Frau grundsätzlich unschuldig und, da sie vermeintlich ständigen Bedrohungen durch schwarze Männer ausgesetzt zu sein schien, schutzbedürftig ist, hätte Tom Robinson nie vor Gericht erscheinen müssen.

Insgesamt scheint sich der Roman mit diesen Geschlechterrollen mehr als nur am Rande zu beschäftigen. Die Widersprüchlichkeit der Figuren in Bezug auf ihre Geschlechterrollen ist dabei ein oft vernachlässigter Aspekt des Romans.

7. Autorin und Zeit[9]

»I'm afraid a biographical sketch of me will be sketchy indeed; with the exception of M'bird, nothing of any particular interest to anyone has happened to me in my thirty-four years.«[10]

Was Nelle Harper Lee hier im Alter von 34 Jahren von sich sagt (nämlich, dass jeder Versuch, ihre Biographie zu schreiben, aus Mangel an Ereignissen notwendigerweise skizzenhaft bleiben wird), hätte sie mit Sicherheit noch im hohen Alter wiederholt. Sie führte zeit ihres Lebens eine bescheidene Existenz. Ereignisse, die eine Schriftstellerbiographie interessant erscheinen lassen, wie etwa Streitigkeiten mit Kollegen, Zugehörigkeit zu politischen und künstlerischen Gruppen, Auslandsreisen oder Kontroversen und sonstige Abenteuer, fehlen fast völlig – oder sind eben wegen Lees Zurückgezogenheit unbekannt geblieben. Fest steht, dass es sich genau genommen um eine schriftstellerische Karriere von ungewöhnlicher Kürze handelt: Nach *To Kill a Mockingbird* veröffentlichte Lee bis zu ihrem Lebensende nichts. Ab etwa Mitte der 1960er Jahre lehnte sie alle Anfragen um Interviews kategorisch ab und weigerte sich, öffentlich zu sprechen. Sie führte trotz ihres Reichtums ein bescheidenes Leben und war »like someone you'd meet in any small town«[11]. Sie weigerte sich insbesondere,

Die Schriftstellerin Harper Lee

notwendigerweise: necessarily | **Zurückgezogenheit:** seclusion

Abb. 4: Porträt von Harper Lee – © picture alliance / AP

sich zum Roman *To Kill a Mockingbird* zu äußern, und Freunde warnten davor, das Thema anzusprechen, zu groß war die Gefahr, dass sie sich abwendete und sich entfernte.

Lees Zurückgezogenheit führte dazu, dass einige Legenden entstanden sind bzw. dass bezüglich bestimmter Fragen lange große Unklarheit herrschte.

sich abwenden: to turn away

Hierfür gibt es drei gute Beispiele: Unklar war, (1) ob sie ihr Jurastudium abgeschlossen hat oder nicht; (2) wie lange sie sich in Oxford aufgehalten hat; und schließlich, (3) ob sie vom berühmten amerikanischen General Robert E. Lee abstamme (die Antworten Lees lauten übrigens: (1) nein; (2) sechs Wochen; (3) nein).

Lees Vater und die Familie

Lees Vater, A. C. Lee, kam 1880 zur Welt. Er wurde als Methodist erzogen: Alkohol und Glücksspiele waren nicht erlaubt, und andere Zeitvertreibe waren verpönt. Schon mit 16 Jahren bestand A. C. Lee die Prüfung, die zur Lehrtätigkeit berechtigte. Er arbeitete drei Jahre als Lehrer in Florida, zog dann nach Monroe County, Alabama, und lernte dort Frances Finch kennen. Die beiden heirateten im Jahr 1910. Frances war künstlerisch veranlagt, spielte Klavier und sang. Vier Kinder gingen aus der Ehe hervor: Alice Finch Lee (1911), Frances Louise Lee (1916), Edwin Coleman Lee (1920) und Nelle Harper Lee (28. April 1926). Nelle ist übrigens der Name der Großmutter Ellen rückwärts geschrieben.

Nelle Harper Lee kam in einer der ärmsten Gegenden der Vereinigten Staaten zur Welt. Elektrizität gab es erst seit 1923. Die wirtschaftliche Lage verschlechterte sich noch nach dem Börsencrash von 1929. Die Bevölkerung von Monroeville war arm und ungebildet. Es gab nicht einmal eine Bücherei. Monroeville war, wie der fiktive Ort Maycomb, ein Dorf. Haustü-

künstlerisch veranlagt: artistically inclined

ren wurden nicht zugesperrt. Man kannte sich. Ein Soldat, der im 19. Jahrhundert durch Monroeville zog, bezeichnete den Ort als »[the] most boring place in the world«.[12]

Lees Mutter war psychisch labil und schweigsam. Ihre psychische Gesundheit verschlechterte sich zunehmend, und sie verbrachte regelmäßig Zeit in Krankenhäusern außerhalb von Monroeville, sicherlich auch, damit die Familie ein wenig Ruhe hatte. Durch die psychische Krankheit der Mutter bedingt, fehlte Lee die Liebe und Anerkennung, die ein Kind braucht. Was Scout in *To Kill a Mockingbird* von Aunt Alexandra sagt – »throughout my early life, she was cold and there« (S. 86) –, gilt wohl auch für Harper Lees Beziehung zu ihrer Mutter: Mehr als einfach ›anwesend‹ war die Mutter nicht, und selbst diese Präsenz zeichnete sich in erster Linie durch Kälte und Teilnahmslosigkeit aus.

Die fehlende Mutterfigur

Als Jugendliche und auch als erwachsene Frau legte Lee im Vergleich zu ihren Altersgenossinnen wenig Wert auf die Rituale und Gepflogenheiten, die den Umgang mit dem anderen Geschlecht bestimmen. Als Kind galt Lee als burschikos. Sie war ein ›Tomboy‹. Sie prügelte sich und fluchte. »She was just like a boy!«,[13] erinnerte sich ein Altersgenosse. Aber sie war auch ein hochintelligentes und eloquentes Kind. Sie verfügte über einen großen Wortschatz und fiel durch

psychisch labil: mentally unbalanced | **Teilnahmslosigkeit:** apathy (*or:* indifference)

ihren kritischen Verstand auf, was zuweilen die Lehrkräfte nervte, die es von den anderen Kindern gewohnt waren, dass nichts hinterfragt wurde. Diese Eigenschaften erinnern sehr an die Figur Scout aus *To Kill a Mockingbird*, und man wird sich nicht wundern, wenn man erfährt, dass Lee ihren Vater beim Vornamen nannte, wie Scout im Roman.

■ Parallelen zwischen Lee und Scout Finch

Lees Jugendfreund und Nachbar, Truman, hingegen galt als mädchenhaft, als Heulsuse und als Muttersöhnchen.[14] Bei diesem Nachbarn handelt es sich um Truman Capote, der ein erfolgreicher Autor (am bekanntesten ist seine Novelle *Breakfast at Tiffany's*) und zugleich eine der schillerndsten Figuren der Kulturszene der 1960er und 1970er Jahre werden sollte. Die beiden verbrachten sehr viel Zeit zusammen. Lees Vater schenkte den beiden eine Schreibmaschine, und sie schrieben gemeinsam erste Geschichten, vermutlich über das alltägliche Leben in Monroeville. Als Capote später sagte, er habe schon mit sieben Jahren begonnen zu schreiben, meinte er wohl diese gemeinsame Zeit mit Harper Lee. Es kann sein, dass der empfindsame Truman bei Lee Schutz gesucht hat. Diese Freundschaft wurde Mitte der 1930er Jahre jäh unterbrochen, als Trumans Mutter ihn nach New York mitnahm, wo er vom zweiten Ehemann adoptiert wurde.

■ Die Freundschaft mit Truman Capote

Zu den wichtigen Vorbildern Lees zählte neben dem eigenen Vater vor allem die Englischlehrerin Gladys Watson. Sie war eine Lehrkraft mit sehr gutem

■ Harper Lees Vorbilder

Heulsuse: crybaby | **alltägliches Leben:** everyday life | **empfindsam:** sensitive

Ruf, die viel Wert auf Grammatik und Stil legte. Sie war zudem sehr belesen und pflegte im Unterricht aus den Werken des englischen Dichters Geoffrey Chaucer (1343–1400) im alten Englisch vorzulesen. Lees große Begeisterung für die englische Literatur wurde durch den Unterricht Watsons gestärkt.

Ein zweites wichtiges Vorbild war die ältere Schwester Alice. Die beiden Schwestern waren zwei sehr unterschiedliche Persönlichkeiten (in den Worten Truman Capotes »as a giraffe and a hippopotamus«[15]). Alice war eine Musterschülerin. Im Jahr 1928 machte sie mit 16 Jahren ihren Schulabschluss, konnte allerdings nur ein Jahr lang die Hochschule in Montgomery besuchen, wohl deswegen, weil ihr Vater ihre Hilfe in Monroeville benötigte. Mit 18 Jahren wurde sie Mitherausgeberin des *Monroe Journal*, an dem der Vater beteiligt war (schon 1929 hatte er sich bei der Zeitung eingekauft). A. C. Lee war zunehmend politisch interessiert und zählte auf die Unterstützung seiner Töchter, Alice erfüllte all seine Erwartungen und war sogar zu Hause bei der Erziehung der Geschwister eine Hilfe. Von 1929 bis 1936 stand sie ihrem Vater bei, half ihm bei der Zeitung und zu Hause.

Trotz Bedenken, sie würde ewig nur als »Tochter« gelten, konnte Alice nach bestandener Prüfung im Jahr 1943 als professionelle Anwältin überzeugen. Alice hatte um Akzeptanz gekämpft und diese auch erhalten. Als die jüngere Schwester Ende 1944 kurz

jdm. beistehen: to stand by s.o. | **Bedenken:** reservations

vor dem Schulabschluss stand, mag Alice als eine Frau, die sich erfolgreich Herausforderungen stellte, als Vorbild gedient haben. Wie Alice besuchte Lee also das »Women's College of Alabama« (heute: Huntingdon College).

Huntingdon war ein traditionelles College in schöner Lage mit angenehmem Gelände. Die christliche Erziehung genoss dort einen außerordentlich hohen Stellenwert. Der allmorgendliche Kirchenbesuch war für alle Pflicht. Neben der akademischen Ausbildung (Liberal Arts) war es den Erziehern ein großes Anliegen, die Studentinnen zu jungen Damen zu erziehen. Dazu gehörten die Förderung von Sozialkompetenzen sowie eine strenge Kleiderordnung. Es herrschte dennoch ein reges Sozialleben: In der Nähe war ein bedeutender Militärflugplatz gelegen, wo sich viele junge Männer wegen ihrer militärischen Ausbildung aufhielten.

Lee fiel am Huntingdon College auf, da sie sich nicht anpasste: Sie benutzte nach wie vor auffällig oft Schimpfwörter. Sie war Raucherin und legte wenig Wert auf ihr Äußeres, und sie fiel zudem durch ihre zwitterhafte Erscheinung auf.

Während der kurzen Zeit am Huntingdon College erschienen zwei Kurzerzählungen in der College-Zeitschrift *Huntress*. Sie spiegeln das Interesse Lees an Rassenthematik und Gerechtigkeit wider, und auch eine bedeutende Vaterfigur kommt vor.

Stellenwert: *hier*: priority | **allmorgendlich:** every morning | **zwitterhaft:** hermaphroditic

Lee blieb eine Außenseiterin am Huntingdon College und entschied sich, an der University of Alabama zu studieren. Auch hier war Lee eine Außenseiterin, denn auch hier war sie umgeben von jungen Frauen, die sehr viel Wert auf ihr Äußeres legten. Lee wirkte nach wie vor männlich, besonders im Vergleich zu denjenigen Studentinnen, die in den unmittelbaren Nachkriegsjahren auch deswegen so viel Wert auf ihr Äußeres legten, weil – aus dem Krieg zurückgekehrt – wieder Männer auf dem Campus zugegen waren. Später gaben Kommilitoninnen zu, sich hinter Lees Rücken über deren Aussehen lustig gemacht zu haben[16].

Lees Außenseiterrolle an der Universität

Ende 1945 fing Lee an, regelmäßig Beiträge für *Rammer Jammer*, eine humoristisch-satirische Uni-Zeitschrift zu verfassen. Auch der Uni-Zeitschrift *Chrimson White* steuerte sie in unregelmäßigen Abständen eine Kolumne bei (auch hier fällt sie durch ihren rauen Sprachgebrauch auf, so dass einmal sogar das damals inakzeptable Wort »damn« im Druck erscheint). Lees Kolumne fiel durch Aufmerksamkeit heischende Mittel und kontroverse Aussagen zu aktuellen Themen auf, auch zur Rassenproblematik, einem Thema, dem man damals sowohl im Gespräch als auch schriftlich aus dem Weg zu gehen pflegte. Allerdings nahm sie selten Stellung zum konkreten Zeitgeschehen, sondern thematisierte die

Außenseiterin: outsider | **unmittelbare Nachkriegsjahre:** immediate post-war years | **Aufmerksamkeit heischend:** attracting (*or*: demanding) attention

Problematik in narrativen Texten. Ende Sommer 1946 wurde Lee sogar Chefredakteurin von *Rammer Jammer*. Im Herbst immatrikulierte sie sich als Jurastudentin.

Im Sommer 1948 verbrachte Lee sechs Wochen als Austauschstudentin in Oxford. Möglicherweise war diese Reise eine Idee des Vaters, der gemerkt hatte, dass seine Tochter das Interesse am Jurastudium verlor, und ihr so zeigen wollte, dass sie zwei Sachen verbinden könnte – die Liebe zur Literatur und ein Studium in seinem Sinne. Der Effekt war aber der entgegengesetzte: Nach den vielen Anregungen in Oxford (auch von Koryphäen wie dem Schriftsteller Joyce Carey und den Historikern A. J. P. Taylor und H. R. Trevor-Roper) war Lee eines klar: Sie wollte ihr Studium abbrechen, nach New York ziehen, und Schriftstellerin werden. Eine Rolle bei dieser Entscheidung spielte sicherlich auch die Tatsache, dass ihrem Jugendfreund Truman Capote dieser Schritt gelungen war. Ab 1945 publizierte Capote seine ersten Kurzgeschichten, und schon 1948 erschien sein erster Roman. In einem Brief schrieb Lee:

Der Entschluss Schriftstellerin zu werden

> »I was exposed to seventeen years of formal education in Monroeville schools, Huntingdon College, and the University of Alabama. If I ever learned anything, I've forgotten it.«[17]

Koryphäe: expert, luminary

Lees Umzug und Leben in New York

Im Jahr 1949 zog Lee also ohne jeglichen Hochschulabschluss nach New York, wo sie in Manhattan lebte. Harper Lee war 23 Jahre alt, als sie in New York ankam. Ihr Vater war sicherlich enttäuscht, denn er hatte fest damit gerechnet, mit seinen beiden Töchtern in seiner Kanzlei zu arbeiten. Lee arbeitete zunächst in einer New Yorker Buchhandlung, ein schlecht bezahlter Job. Eine Verbesserung tritt ab 1950 ein, als sie eine Stelle als Mitarbeiterin bei einer Fluglinie annimmt. Dadurch wurde sie Mitglied einer Gewerkschaft und verdiente somit über Nacht das Doppelte ihres bisherigen Gehalts.[18]

In New York führte Lee eine unauffällige Existenz. Trotz der fehlenden Nähe zur Mutter löste deren Tod im Jahr 1951 wohl Gefühle bei ihr aus, mit denen die 25-Jährige wohl nicht bzw. nur schwer zurechtkam. Kurz darauf starb auch Lees Bruder Edwin im Alter von nur 30 Jahren.

Lee war offenbar sehr fleißig und diszipliniert. Neben der Arbeit fand sie Zeit zum Schreiben. 1956 lagen bereits mehrere Erzählungen vor, die Lee bei einem Verlag einreichte. Der Vorschlag der Lektorin, die von Lees Erzählvermögen beeindruckt war, lautete: Schreiben Sie einen Roman. Über Truman Capote lernte Lee den Komponisten und Liedermacher Michael Brown und seine Frau Joy kennen. Sie wurden

Hochschulabschluss: (university) degree | **unauffällige Existenz:** inconspicuous existence | **fleißig:** hard-working, diligent | **diszipliniert:** disciplined

Freunde. Weihnachten 1956 schenkten sie Lee einen braunen Umschlag, in dem sich neben einem Geldgeschenk folgende Botschaft befand: »You have one year off from your job to write whatever you please. Merry Christmas.« Diese finanzielle Unterstützung war entscheidend für den Fortschritt des gerade begonnenen Romans.

Im Januar 1957 konnte Lee die ersten 50 Seiten von *To Kill a Mockingbird* vorlegen. Laut den Verlagslektoren seien die Charaktere zwar sehr lebendig gezeichnet gewesen, aber das Manuskript habe unter strukturellen Problemen gelitten. In der Folge arbeitete Lee eng mit der erfahrenen und kompetenten Lektorin Therese von Hohoff zusammen (die beiden sollten Freundinnen werden), um aus den noch lose zusammenhängenden Anekdoten und Geschichten einen der erfolgreichsten Romane des 20. Jahrhunderts zu machen.

Die Entstehung eines Welterfolgs

Noch kurz vor dem Erscheinen des Romans meldete sich der Jugendfreund Truman Capote mit einem Vorschlag. Im Bundesstaat Kansas waren in einem kleinen Ort vier Personen ermordet worden, und Capote sollte im Auftrag einer Zeitschrift die Auswirkung des vierfachen Mordes auf die kleine Gemeinschaft beschreiben. Er fragte, ob Lee ihn dorthin begleiten und ihn bei den Recherchen unterstützen würde. Lee sagte sofort zu. Im Dezember 1959 reisten die beiden nach Kansas, um dort zu recherchieren.

Zusammenarbeit mit Truman Capote

entscheidend: decisive

Lees Aufgabe bestand darin, bei den geführten Interviews Notizen zu machen. Hier kam ihre große Beobachtungsgabe zur Geltung, aber sie leistete weit mehr als nur stenographische Hilfe. Truman war eine auffällige Erscheinung und eine Persönlichkeit, wie sie im Bundesstaat Kansas nur selten anzutreffen war. Lee hingegen hatte eine ganz besondere Eigenschaft, die das Auftreten Capotes abmilderte und Gesprächspartner sich wohl fühlen ließ: Sie war bodenständig, freundlich, zugänglich, und sagte immer das Richtige. Capote nannte sie seine »assistant researchist«[19].

Das Ergebnis war der ›non-fiktionale‹ Roman *In Cold Blood*, eine der bedeutendsten Reportagen der Nachkriegszeit. Allerdings versäumte Capote, sich bei Lee zu bedanken. Lee wird zwar in der Widmung erwähnt, aber angesichts der Tatsache, dass das Buch ohne ihre Hilfe nie zustande gekommen wäre, stellte diese Form der Erwähnung eine Kränkung dar, die sie nie überwand: Es war, als hätte Capote sie durch diese Widmung aus dem Werk entfernt. Das Erscheinen von *To Kill a Mockingbird* kündigte Capote in einem Brief an ein befreundetes Ehepaar in typisch selbstgefälliger Weise an: »On July 11th [1960], Lippincott is publishing a delightful book: *To Kill a Mockingbird* by Harper Lee. Get it. It's going to be a great success. In it, I am the character called ›Dill‹ – the author being a childhood friend.«[20]

■ Kränkung durch den Jugendfreund

Widmung: dedication | **Kränkung:** insult | **selbstgefällig:** self-satisfied, smug

Abb. 5: Cover der Erstausgabe von To Kill a Mockingbird (1960) – © HarperCollins

Bei einer kleinen Party am 10. Juli 1960 feierte Lee zusammen mit einigen Freunden das Erscheinen des Romans. Das Buch wurde ein großer Erfolg: Ein Jahr nach Veröffentlichung waren bereits 500 000 Exemplare verkauft worden – und *To Kill a Mockingbird* lag als Übersetzung in zehn Sprachen vor (vgl. Kap. 8, S. 127). 1961 erhielt Lee für ihren Roman sogar den »Pulitzer Prize for Fiction«, den wichtigsten US-amerikanischen Literaturpreis. Ein solcher Durchbruch bringt natürlich auch große Belastungen mit sich. Sosehr sich Lee auch über die positive Aufnahme ihres Romans freute, die Begleiterscheinungen des Erfolgs, wie Signierstunden, Reisen, Interviewanfragen, ließen die sehr bescheidene und zurückgezogen lebende Person plötzlich eine öffentliche Figur werden, eine Rolle, die sie nicht erfüllen konnte. Lee war ehrlich, offen und etwas naiv. Typisch für sie ist ihre Antwort auf die Frage, wie sie denn schreibe: »I sit down before a typewriter with my feet fixed firmly on the floor«[21]. Diese entwaffnende Ehrlichkeit und Offenheit machte sie allerdings zu einer angenehmen und einnehmenden Gesprächspartnerin.

Erfolglose Schreibversuche

Anfang der 1960er Jahre schreibt Lee weiterhin, aber ohne Erfolg. Eine Episode aus dieser Zeit ist vielsagend: Das Männermagazin *Esquire* kontaktierte Lee mit dem Auftrag, einen kurzen Text über den Süden zu schreiben. Lee brachte ihre Ideen zu Papier, aber in

Begleiterscheinung: accompaniments, trappings | **Signierstunde:** book-signing | **entwaffnend:** disarming

Form einer Erzählung, während dem Magazin ein Sachtext vorschwebte – und so erhielt die Pulitzerpreis-Gewinnerin eine Absage. Dass Lee nicht in der Lage war, einen kurzen Sachtext vorzulegen, sondern weiter im Stil von *To Kill a Mockingbird* schrieb, spricht für eine gewisse Inflexibilität.[22]

Lees Vater, A. C. Lee, starb 1962. So konnte er zwar den großen Erfolg des Romans noch erleben, nicht aber dessen Verfilmung, die noch im selben Jahr in die Kinos kam. Lee lebte in dieser Zeit zunehmend zurückgezogen. 1965 gewährte sie einem Journalisten ein Interview. Dem jungen Mann fiel auf, dass Lee viel rauchte und viel Kaffee trank (dass Lee auch gerne Alkohol trank, war dem engen Bekanntenkreis gut bekannt). Über künftige Pläne sprach sie sehr unverbindlich. Als konkrete Aufgabe nannte sie lediglich die noch ausstehende Arbeit am Manuskript für Truman Capotes *In Cold Blood* (sie sollte das Werk noch vor der Drucklegung einmal Korrektur lesen). Lee lehnte alle Einladungen ab, waren es Vorträge, Writer-in-Residence-Angebote oder auch Anfragen von Verlagen, die sich die Autorin als Verfasserin kurzer Texte für Buchumschläge wünschten – sie ignorierte sie alle.

■ Rückzug aus der Öffentlichkeit

1966 wurde Lee Mitglied eines wichtigen Gremiums: des »The National Council on the Arts«. Lee verpflichtete sich für 6 Jahre. Ihre Aufgabe bestand darin, Anträge von Kulturschaffenden für Fördermittel zu

Drucklegung: printing | **sich verpflichten:** to commit o. s.

bewerten. Zu den Mitgliedern zählten unter anderen Leonard Bernstein, Gregory Peck (der Lee dazu ermuntert hatte zuzusagen) und Sidney Poitier. Lee nahm an den Sitzungen teil und äußerte sich Berichten zufolge immer sehr knapp, dafür aber mit viel Autorität und umsichtig. Lee schätzte wohl auch die Möglichkeit des Austausches mit anderen Schriftstellern, die sich bei den Treffen boten (so zum Beispiel mit John Steinbeck).

Ende der 1960er Jahre lebte Lee nach wie vor teilweise in New York und teilweise in Monroeville. Noch immer arbeitete sie angeblich an einem zweiten Roman. Im Jahr 1971 behauptete Lees Schwester Alice allerdings, ein Einbrecher habe ein Manuskript kurz vor der Vollendung gestohlen, eine etwas merkwürdige Geschichte.[23]

Öffentliche Auftritte wurden nun äußerst selten. Ja, in den 1970er und 1980er Jahren ist Harper Lee kaum gesehen worden. Sie lebte meist in New York, wo sie ein sehr bescheidenes Appartement besaß.

Mitte der 1980er Jahre begann Lee doch mit der Arbeit an einem Werk, das von der Grundidee her an *In Cold Blood* erinnert. Es ging um den angeblichen Serienmörder Willie Maxwell. Lee reiste sogar nach Alexander City, Alabama, um Interviews zu führen. Aber aus dem Vorhaben wurde nichts (obwohl ein Manuskript womöglich noch existiert).

mit viel Autorität: authoritatively | **umsichtig:** circumspect, prudent

Lees Lebensabend und Tod

Im Alter führte Lee eine unauffällige Existenz in ihrer Heimatstadt. 2007 war Harper Lee noch einmal öffentlich zu sehen, als ihr die »Presidential Medal of Freedom« (Freiheitsmedaille des Präsidenten) verliehen wurde.

Nelle Harper Lee starb in Monroeville am 19. Februar 2016 im Alter von 89 Jahren.

8. Rezeption

Kritiken des Romans

To Kill a Mockingbird ist zweifellos nicht nur einer der meistgelesenen Romane überhaupt, sondern auch eines der wenigen Bücher, denen Leser häufig eine lebensverändernde Wirkung bescheinigen: Bei einer entsprechenden Umfrage sei *To Kill a Mockingbird* – nach der Bibel – an zweiter Stelle genannt worden. Bei der Rezeption des Romans spielt sicherlich die Tatsache eine Rolle, dass die meisten Leser bereits während der Schulzeit (und in der Regel in noch relativ jungem Alter (um die 12 bis 13 Jahre) die Bekanntschaft mit Scout und Atticus Finch machen. Da *To Kill a Mockingbird* ein Roman über das Erwachsenwerden ist, liegt es nahe, den Roman Jugendlichen zur Lektüre ans Herz zu legen. In US-Schulen werden nur *Romeo und Julia* und *Huckleberry Finn* noch häufiger als *To Kill a Mockingbird* gelesen. Oftmals wird das Buch dann auch noch einmal in späteren Jahren rezipiert, etwa wenn die eigenen Kinder das Buch lesen. Die Lektüre ist, zumindest in englischsprachigen Ländern, somit nicht selten zugleich eine Jugenderinnerung.

■ Lebensverändernde Lektüre

Für die außerordentlich hohen Verkaufszahlen (über 30 Millionen Exemplare) spielt die Verwendung des Textes in der Schule eine zentrale Rolle. Kurz nach

lebensverändernd: life-changing

seiner Publikation wurde der Roman allerdings zunächst hauptsächlich von Erwachsenen gelesen und rezipiert, bis er auch zur Jugendlektüre wurde. Kurz vor dem Erscheinen des Romans sprach die Lektorin Therese von Hohoff, die bei der Entstehung von *To Kill a Mockingbird* eine so bedeutende Rolle gespielt hatte (vgl. Kap. 7, S. 120), eine Art Warnung aus, um einer allzu großen Enttäuschung aufseiten der Autorin vorzubeugen: »Don't be surprised [...] if you only sell two thousand copies – or less. Most books by first time novelists do.«[24] Aber bereits innerhalb weniger Wochen steht *To Kill a Mockingbird* in der Bestseller-Liste der *New York Times*. Der Roman erschien im Juli 1960. Schon im Herbst sind einige hunderttausend Exemplare verkauft worden. Lees Roman schafft es, sowohl Lesepublikum als auch Kritiker zu bezaubern.

■ Gründe für den großen Erfolg

Für den sofortigen Erfolg des Romans sind einige Gründe vorgeschlagen worden: Beispielsweise wuchs Anfang der 1960er Jahre das Interesse an der Bürgerrechtsbewegung, die für die Rechte der Schwarzen eintrat. Die Kritik am Rassismus, die ja auch für den Roman zentral ist, war also ein aktuelles gesellschaftliches Anliegen. Einerseits ist es offensichtlich, dass diese Ereignisse und die damit verbundenen Unruhen und neu entstehenden politischen Strömungen die Rezeption von *To Kill a Mockingbird* beeinflussten. Lee selbst hat jedoch an keiner dieser Aktionen teilgenommen, noch hat sie sich als Zeitzeugin dazu

etw. vorbeugen: to prevent s.th.

geäußert. Ob *To Kill a Mockingbird* also den Untergang einer rassistisch geprägten Ära beschleunigte, wie gelegentlich behauptet wird, sei dahingestellt. Fest steht jedoch, dass der Roman eine ideale Lektüre darstellte, um die Ereignisse und Meilensteine der Bürgerrechtsbewegung, die Krisen, Gewalttaten und Kontroversen zu begleiten. Dabei spielt sicherlich der zeitliche Abstand zwischen der imaginierten Jugend Scouts und den 1960er Jahren eine Rolle. So herrschte damals eine Sehnsucht nach einem einfacheren Leben, wie es noch vor dem Zweiten Weltkrieg möglich war. Der Roman spielt zwar in einer Zeit, als in weiten Teilen der Vereinigten Staaten große Armut herrschte, gleichzeitig aber ist in *To Kill a Mockingbird* doch vergleichsweise wenig vom Leiden der Bevölkerung zu spüren (sieht man von den Ewells ab, mit denen der Leser ohnehin nur sehr bedingt Mitleid hat). Darüber hinaus lässt die Erzählweise Scout Finchs viele Dinge in warmem Licht erscheinen. Was sie beschreibt, ist trotz allem eine idyllische Kindheit, in der man mit wenig zufrieden war. Ein weiterer Faktor für den Erfolg des Buches ist gelegentlich genannt worden: In Zeiten des Kalten Krieges erkannten sicherlich viele Amerikaner in dem Buch eine Bejahung der Liebe zur Gerechtigkeit (wie sie die Figur Atticus Finch verkörpert), die einen Gegenpol zur Bedrohung durch Willkür und Kommunismus bildete.

Meilenstein: milestone | **Gewalttat:** act of violence | **Kontroverse:** controversy | **idyllisch:** idyllic | **Willkür:** *hier*: despotism

Kritik am Roman

Es gab natürlich auch kritische Stimmen (darunter unsachliche, die in dem Buch eine Schmähung des ganzen Südens erkennen wollten), aber in der Regel richteten sich diese nicht gegen das Grundthema des Romans, sondern gegen das Handwerkliche. Einige Rezensenten empfanden es z. B. als unwahrscheinlich, dass eine Anwaltstochter »ain't« sagt[25] (was schon deswegen eine ungültige Kritik ist, weil Kinder ihren Sprachgebrauch eher ihren gleichaltrigen Spielkameraden als ihren Eltern anpassen). Andere Kritiker waren mit der Erzählperspektive an sich nicht einverstanden. Eine Kritikerin meinte in Verkennung der Erzählkunst Lees, es sei schlichtweg unmöglich, dass eine 6-Jährige ihre Geschichte in der Sprache einer gebildeten Erwachsenen erzählt. Differenziertere Urteile machten gerade auf diesen Konflikt als wirkungsvolles Element des Romans aufmerksam: Gerade dadurch, dass das Kind nicht immer alles begreife, aber doch in der Sprache der Erwachsenen berichte, erhielten die Ereignisse ihre Schwere und Signifikanz. Die Erzählerin Scout Finch jedenfalls ist die Hauptattraktion des Romans: Selbst anspruchsvolle Kritiker ließen sich von ihr bezaubern (so z. B. Harold Bloom, der etwas pointiert sagte, Scout »sei besser als ihr Buch«[26]). Harper Lee sagte einmal, sie möchte »the Jane Austen of south Alabama«[27] werden. Einige Kritiker haben ihr den Gefallen getan und Vergleiche mit der englischen Schriftstellerin Jane Austen (1775–1817)

ungültige Kritik: invalid criticism

gezogen, indem sie z. B. auf ihre Enthüllung von Doppelmoral und ihre Fixierung auf ein eng umgrenztes regionales Umfeld hinwiesen.[28]

Im Mai 1961 war der Roman bereits seit 41 Wochen in den Bestsellerlisten, und es waren fast eine halbe Million Exemplare verkauft worden. Die bald darauf folgende Nachricht, dass der Roman den Pulitzerpreis gewonnen hatte, verlieh diesem Erfolg einen weiteren Schub, und es gab eine neue Welle von Interview-Anfragen und Fanpost. Nach 12 Monaten waren schon zweieinhalb Millionen Exemplare verkauft worden, und schon im Februar 1962 war die Zahl verkaufter Exemplare auf 4,5 Millionen angestiegen.

Fünfzig Jahre nach dem Erscheinen des Romans gab es kritische Stimmen, die den Roman neu bewerteten: Atticus sei nichts mehr als eine Sammlung von klugen Sprüchen, steif und selbstgerecht, und die historischen Aspekte des Romans seien von Lee verklärt worden. In Scout wollte man nun nur noch eine konstruierte Puppe sehen. Die Kritik an Atticus mag vielleicht gerechtfertigt sein (vgl. Kap. 3, S. 4), dennoch blieben solche Versuche, *To Kill a Mockingbird* vom Sockel zu stürzen, bis heute letztlich wirkungslos.

etw. bewerten: to evaluate s.th. | **jdn. vom Sockel stürzen:** to topple s.o. from his/her pedestal

Verfilmung

Verfilmung mit Gregory Peck

Ende 1962 kam die Verfilmung von *To Kill a Mockingbird* in die Kinos. Die Dreharbeiten waren im Juni 1962 abgeschlossen, und die Premiere fand am 25. Dezember statt. Das Drehbuch stammt nicht von Harper Lee (obwohl man ihr die Aufgabe angeboten hatte), sondern vom Dramatiker und Drehbuchautor Horton Foote (der dafür einen Oscar bekam). Lee selbst war mit dem Drehbuch auch sehr zufrieden und äußerte sich öffentlich sehr positiv. Der Schauspieler Gregory Peck, der in der Verfilmung Atticus Finch verkörpert, lernte sogar noch, als er sich vor Beginn der Dreharbeiten vor Ort Monroeville und dessen Bewohner anschaute, Lees Vater kennen, der Atticus ja in einigen Aspekten ähnelt. Zwischen Lee und Peck entstand eine Freundschaft: Lee schenkte dem Schauspieler die Taschenuhr ihres Vaters, nachdem dieser verstorben war. Sie ließ die Worte »To Gregory from Harper« in die Uhr eingravieren. Als Peck bei der Oscarverleihung 1963 auf die Bühne ging, um die Auszeichnung für den besten Schauspieler entgegenzunehmen, trug er diese Uhr in seiner Hand.[29]

Jede Verfilmung ist eine Interpretation der Vorlage. Während der Roman aus vielen Episoden besteht, die kunstvoll zu einem Ganzen zusammengefügt wurden, wurde die Handlung für die Filmversion von *To*

Dreharbeiten: shooting | **Taschenuhr:** pocket watch | **etw. entgegennehmen:** to accept s.th. | **kunstvoll:** artistically

Abb. 6: Filmszene mit Gregory Peck – © picture alliance / United Archives / WHA

Kill a Mockingbird auf wenige Episoden reduziert: die Faszination der Kinder für das Radley-Haus, das Erschießen des Hundes, die bedrohliche Szene mit dem Lynchmob, der Prozess und schließlich der Angriff Bob Ewells. Diese Straffung geschieht auf Kosten des Themen- und Figurenreichtums, der den Roman kennzeichnet. Mrs Dubose wird in der Verfilmung viel früher eingeführt und zugleich nicht in ihren unterschiedlichen Facetten, sondern lediglich als griesgrämige Frau gezeichnet. Der Fall Tom Robinson wird bereits nach einer Viertelstunde zwischen dem Rich-

Reduktion des Inhalts

griesgrämig: ill-tempered

ter und Atticus besprochen, und die Nachricht vom Tod des zu Unrecht Beschuldigten kommt noch in der Nacht des Gerichtsurteils. Es gibt weitere Unterschiede zwischen Buch und Film: Bob Ewell wird im Film noch stärker als Bösewicht und Gegenspieler Atticus' typisiert und taucht daher auch häufiger auf, z. B. auch als Atticus die Nachricht von Toms Tod überbringt. Die Erinnerungen an Scout und Jems Mutter werden im Buch trocken und sachlich dargestellt, im Film werden sie in einer rührseligen Unterredung zwischen den Kindern herausgearbeitet. Der Kirchenbesuch mit Calpurnia sowie Link Deas' Intervention im Gerichtssaal fehlen im Film vollständig.

Darüber hinaus finden im Film durch die Straffung der Handlung einige wichtige Themen gar keine Berücksichtigung: Die Erörterung von Demokratie und Faschismus in Kapitel 26 des Romans fehlt. Ebenfalls findet sich im Film keine Spur der im Roman in Kapitel 12 und 35 geübten Kritik an Religion. Der Hausbrand fehlt im Film, in dem Miss Maudie ohnehin nur eine sehr kleine Rolle hat, vollständig. Die Rolle Calpurnias wiederum ist im Film eine andere, denn sie erscheint hier eher als Bedienstete denn Erzieherin. Schließlich kommt im Film die Kritik am Familienleben und an Familienstrukturen entschieden zu kurz: Aunt Alexandra fehlt völlig. Die Gerichtsverhandlung, die ca. 15 Prozent des Romans ausmacht, be-

rührselig: tear-jearking

kommt in der Verfilmung mehr Raum. So umfasst sie mehr als ein Drittel des Films.

Die Verfilmung gilt als sehr gelungen und ist auch heute noch – trotz der starken Abweichungen von der Romanvorlage – durchaus überzeugend. Auch wenn der Film ein großer Erfolg war, gab es doch auch kritische Stimmen. Diese bemängelten vor allem den Umstand, dass der gebildete weiße Anwalt nun die Handlung dominierte, da die kindliche Erzählperspektive abgeschwächt wurde (die Stimme der Erzählerin ist nur gelegentlich im Film zu hören).[30]

■ Abschwächung der kindlichen Erzählperspektive

Es wäre interessant zu überlegen, wie eine Neuverfilmung des Romans aussehen könnte:. Würde man heute andere Schwerpunkte setzen? Man darf nicht vergessen, dass ein signifikanter Teil der US-amerikanischen Bevölkerung im Jahr 1960 die Segregation noch für wünschenswert hielt. Daher ist es kaum verwunderlich, dass im Film die Gründe für die Ungerechtigkeit (Rassismus) zugunsten einer dramatischen Darstellung der lückenhaften Beweisführung im Gerichtssaal abgeschwächt wurden.

Bühnenadaptation

Die Bühnenadaptation von Christopher Sergel aus dem Jahr 1969 wird seit dem Jahr 1990 in Monroeville jedes Jahr im Mai aufgeführt. Sie ist auch in Großbritannien mit großem Erfolg aufgeführt worden und

etw. bemängeln: to criticize s.th., to find fault with s.th. | **Bühnenadaptation:** stage adaptation wird dort weiterhin gerne gespielt. Eine Besonderheit der Aufführungen in Monroeville ist dabei die Zusammensetzung der Jury, die über die Schuld Tom Robinsons entscheidet: In der Pause werden weiße Zuschauer dafür ausgewählt. Darüber hinaus wird das Publikum bei der Gerichtsverhandlung nach ›Rasse‹ sortiert, um die damalige Segregation nachzuempfinden. Harper Lee selbst hat diese Bühnenadaptation allerdings nie erlebt.

Zensur und Verbote

Ein wichtiger Aspekt der Rezeption von *To Kill a Mockingbird* sind neben der positiven Aufnahme, auch die vielen Versuche, den Roman zu verbieten bzw. aus dem Klassenzimmer zu verbannen.[31] Obwohl der gesunde Menschenverstand sagt, dass ein Roman, der so viel Gültiges über Rassismus, Gerechtigkeit und Heuchelei sagt, unmöglich verboten werden sollte, ist es doch bei genauerem Betrachten kein Wunder, dass man an dem Buch Anstoß nahm: Allein wegen der Vulgärsprache (»damn«, S. 20; und »whore-lady«, S. 93) galt der Roman in den 1960er Jahren als obszön, von der Thematisierung einer Vergewaltigung ganz abgesehen. Im Laufe der Jahrzehnte gewann die Rassendiskriminierung im Roman an Brisanz – hier geht es vor allem um das mittlerweile

■ Vulgärsprache und Tabuthemen

etw. verbannen: to ban s.th. | **an etw. Anstoß nehmen:** to take offence at s.th.

stark tabuisierte Wort ›nigger‹, das im Roman 48-mal vorkommt. Die Lektüre von *To Kill a Mockingbird* kann für eine Gruppe von Rezipienten bestärkend und stützend sein, während eine andere darin Elemente entdeckt, die durchaus als erniedrigend empfunden werden können. Es scheint aber wenig sinnvoll, das Buch deswegen zu verbieten. Vielmehr muss man solche unterschiedlichen Perspektiven im Unterricht thematisieren.

Aktuelle Entwicklungen

Überraschend für alle, die sich näher mit Harper Lee beschäftigen, war das plötzliche Auftauchen eines bislang unbekannten Manuskripts, und noch überraschender die Veröffentlichung dieses Manuskripts in Buchform im Jahr 2015 – angeblich mit dem Segen der Verfasserin. Bei diesem Roman, der den Titel *Go Set a Watchman* trägt, handelt es sich offensichtlich um eine Vorstufe zu *To Kill a Mockingbird.* Im Mittelpunkt dieser Vorstufe stehen die Erlebnisse der bereits erwachsenen Scout Finch, wobei auch viele der Figuren von *To Kill a Mockingbird* auftauchen. Ein zentraler Unterschied zwischen den beiden Texten besteht dabei darin, dass die Figur des Atticus dabei offen kritisiert wird, was in *To Kill a Mockingbird* lediglich nur vorsichtig und eher versteckt geschieht (vgl. Kap. 3, S. 4).

erniedrigend: degrading | **mit dem Segen:** with the blessing

Tourismus in Monroeville

Graphische Adaptation

Seit dem Tod Lees im Jahr 2016 werden einige Aktivitäten in Angriff genommen, die zu ihren Lebzeiten nicht denkbar gewesen wären: In ihrer Heimatstadt Monroeville sind eine Reihe von touristischen Attraktionen geplant, unter anderem die Rekonstruktion dreier Häuser, die im Roman als Schauplätze vorkommen. Im dortigen Gerichtsgebäude soll sogar ein Museum entstehen. Lee äußerte sich schon zu Lebzeiten zu den Vorboten solcher Tourismusattraktionen, und zwar durchaus skeptisch, wie ein Brief aus dem Jahr 1993 belegt: »There has evolved a new holiday sport in Monroeville, that of people bringing their visiting relatives to look at me.« Nun gilt es natürlich nicht mehr, Lee persönlich aufzusuchen, vielmehr wollen die Touristen die Schauplätze des Romans erleben. Dass die Stadt Monroeville, die sich schon seit 1997 ›The Literary Capital of Alabama‹ nennen darf, daraus Kapital schlagen möchte, ist verständlich (es sei daran erinnert, dass neben Harper Lee auch Truman Capote aus Monroeville stammte, vgl. Kap. 7, S. 114). Auch hinsichtlich der Rezeption des Romans kommt ein wenig Bewegung auf. Für Ende November 2018 ist ein Graphic Novel geplant. Eine solche Adaptation wäre zu Lebzeiten Lees vermutlich nicht möglich gewesen.

Schauplatz: scene

9. Prüfungsaufgaben mit Lösungshinweisen

Aufgabe 1

Characterise Dill OR Jem

Lösungshinweise

Basic Information
- What do we know about him?

Status
- What is his position within his family?
- Who are his friends?
- Which conflicts is he involved in during the course of the novel?

Personality
- What interests does he have?
- What can you say about his personality based on
  - his actions?
  - the way he speaks?
  - the things he says?

Summary
- Does he change throughout the course of the novel?
- How does he compare with other children in the novel?

Dill

Dill is a sensitive young boy who suffers considerably from a difficult family situation. He visits Maycomb every year. The first two summers he is sent to Maycomb, but his third visit is the result of his escape from difficult circumstances.

He has a very vivid imagination and loves reading. Of the three children in the novel, it is Dill whose fascination with Boo Radley is, initially at least, the strongest. Like Scout, Dill is a precocious child. An important part of his personality is his ability to lie spontaneously and creatively.

Dill does undergo a change in the course of the novel, but it is not as significant as the changes Jem and Scout go through. Of course, we only have Scout's perspective. So when Scout observes that Dill is on the way to becoming a young man, this is questionable. And it seems she may be making an ironic comment here.

Dill is sensitive and is unable to deal with the court proceedings in the same way that Scout is. And because of his youth he does not understand what is happening as well as Jem does. The result: he bursts into tears and has to leave the court room. He responds intuitively and emotionally to the maltreatment of the witness.

Jem

Jem is, in many ways, a typical American boy. He is daring, he loves a challenge, and he dreams of playing football. Because everything we know about Jem is filtered through the eyes of the narrator, we will never know his inner thoughts, but he is presented as a clever and strong-willed young boy, who likes fun and adventure.

Of the three children, it is Jem who probably undergoes the biggest change during the novel. And it is Jem who has the greatest difficulty dealing with the events in the courtroom. Dill reacts emotionally, Scout is too young to understand all the implications of the proceedings, but Jem knows that a grave injustice has taken place. He reacts with anger.

Jem undergoes physical changes, too. He is proud of the first hairs on his chest and shows them to his sister. He has made a decision to become a lawyer like his father and is capable of thinking about complex problems despite his young age. If we see *To Kill a Mockingbird* as a coming-of-age novel, then Jem is possibly the most important character.

Aufgabe 2

Imagine you are Heck Tate. Describe how Atticus reacted when you suggested that Bob Ewell was not murdered, but fell on his knife.

Lösungshinweise

What happened on Halloween?

- How did you find out?
- Did everybody know exactly what had happened?

When you went to Atticus' house ...?

- How did you expect Atticus to react?
- Has your opinion of Atticus Finch changed?

Heck Tate's Report

Just a few weeks ago we had a mad dog in town. I was called in to shoot that dog. Well, I was standing next to Atticus, looking at the dog, and I thought, Atticus is a better shot, I'll let him do it. And he shot the dog, just like that. But just last night, when I went to tell him about Bob Ewell, he was different. He was hesitating and scratching his head, and he was pale as a sheet.

I was surprised that Atticus thought his son could kill somebody. You see, I knew that it wasn't Jem who killed Bob Ewell. And when I told him my plan, he was a bit hectic. He started talking about being a good parent and such stuff. My God, he was so obsessed with Jem. I had to really shout at him to get his attention.

But then he understood. He saw it from my point of view. Atticus is a great man, everybody admires him – even though some people had trouble with him defending Tom Robinson and all that. He only defended Tom so he could hold his head up high, in my opinion. And I guess the reason for his hesitation last night was something similar. By the way, Scout was there, too. She seemed to understand everything even quicker than her Dad. I wonder what they talked about after I left ...

Aufgabe 3

»You never really know a man until you stand in his shoes and walk around in them.«
Discuss this quote in the context of the novel.

Lösungshinweise

What is the context of the quote?

- Who says this?
- Do other figures in the novel ever say similar things?

How does the novel show the validity of this statement?

- What situations seem to contradict it?
- Which characters are able to put this idea into practice?

How does the novel show that the statement has its limits?

Discussion

These are the words of the narrator, who remembers experiencing the world from Boo Radley's perspective for the first time when standing on his porch at the end of the novel. She understands here for the first time what her father meant when he spoke to her after her first day at school. Atticus tried to make Scout understand that she could understand her teacher's difficulties if she put herself in her teacher's position. Atticus thinks you can only understand someone if you »climb into his skin and walk around in it«.

So the idea is strongly associated with Atticus as a father figure. He sees the events in front of the Maycomb prison as an example for the power of this approach: the children were able to make Walter Cunningham see things from Atticus' perspective, and this led to a de-escalation of the situation.

The novel seems to suggest that viewing the world from somebody else's perspective is potentially a very powerful tool for improving human relationships. However, the idea of putting yourself in somebody else's shoes has its limits. Atticus himself fails to fully realize the extent of Bob Ewell's aggression.

On the whole, you could say that understanding the reasons for people's behaviour is one of the central ideas of the novel. If we look at the first few pages of chapter one, we can see that the narrator is playing with the idea of assigning guilt to various parties (who »started it«), and that the idea of understanding different ways of behaving is new and slightly confusing. But at the end of the novel, when Scout is standing on Boo Radley's porch, it becomes clear that Scout gained an important insight into the way other people think and act.

10. Anmerkungen

1 Zurzeit herrscht in den US Print- und Online-Medien Uneinigkeit darüber, ob und wann *black* bzw. *blacks* den Bezeichnungen *African American* vorzuziehen sei. Laut vielen Style Guides ist *black* bzw. *Black* zu empfehlen. Die Großschreibung ist kontextabhängig.

2 Die WPA (Works Progress Administration) wird im vierten Kapitel des Romans erwähnt, das im Jahr 1933 spielt – eine kleine historische Ungenauigkeit.

3 Seine Zurückhaltung hängt möglicherweise mit den schockierenden Ereignissen nach der Hinrichtung zusammen. Die Leichen wurden misshandelt und ihre Kopfhaut dem Sohn des Opfers geschickt. Vgl. Charles J. Shields, *Mockingbird. A Portrait of Harper Lee*, New York 2006, S. 121.

4 Shields (s. Anm. 3) S. 118.

5 Zit. nach Harold Bloom, *Harper Lee's »To Kill a Mockingbird«*, New York 2007, S. 121.

6 Hier handelt es sich um eine kleine historische Ungenauigkeit, denn *To Kill a Mockingbird* spielt 1933–35.

7 Bloom (s. Anm. 5) S. 143.

8 Vgl. hierzu das noch sehr lesenswerte Standardwerk: Gunnar Myrdal, *An American dilemma: the Negro Problem and Modern Democracy*, New York 1944.

9 Im Folgenden wird auf Charles J. Shields Buch *Mockingbird. A Portrait of Harper Lee* (s. Anm. 3) zurückgegriffen.

10 Nelle Harper Lee in einem Brief an Leo R. Roberts, Januar 1960, zit. nach Shields (s. Anm. 3) S 191.

11 Shields (s. Anm. 3) S. 2.

12 Shields (s. Anm. 3) S. 38.

13 Shields (s. Anm. 3) S. 32.

14 Shields (s. Anm. 3) S. 33.

15 Zit nach Shields (s. Anm. 3) S. 65.

16 Vgl. Shields (s. Anm. 3) S. 87.

17 Nelle Harper Lee in einem Brief an Leo R. Roberts, Januar 1960, zit. nach Shields (s. Anm. 3) S. 191.

18 Shields (s. Anm. 3) S. 20.

19 Shields (s. Anm. 3) S. 139.

20 Shields (s. Anm. 3.) S. 180.

21 Shields (s. Anm. 3) S. 186.

22 Shields (s. Anm. 3) S. 217.

23 Shields (s. Anm. 3) S. 263.

24 Shields (s. Anm. 3) S. 14.

25 Shields (s. Anm.) S. 219.

26 Bloom (s. Anm. 5) S. 1.

27 Shields (Anm. 3) S. 241.

28 Vgl. hierzu R. A. Dave in Bloom (s. Anm. 5) S. 44.

29 Shields (Anm. 3) S. 231.

30 Vgl. Colin Nicholson, »Hollywood and Race: To Kill a Mockingbird«, in Bloom (s. Anm. 5) S. 65–74.

31 Vgl. hierzu ausführlich Claudia Durst Johnson: »The Issue of Censorship«, in Bloom (s. Anm. 5) S. 3–22.

11. Literaturhinweise/Medienempfehlungen

Bezugstext

Der *Lektüreschlüssel* bezieht sich auf:

Harper Lee: To Kill a Mockingbird. Arrow Books. London [2010].

Übersetzung

Harper Lee: Wer die Nachtigall stört. Rowohlt. Reinbek b. Hamburg 2016.

Biographie

Shields, Charles J.: Mockingbird. A Portrait of Harper Lee. New York 2006.
[Noch vor Harper Lees Tod erschienen, dennoch lesenswert und wohl die beste aktuell verfügbare Biographie]

Interpretation

Bloom, Harold: Harper Lee's *To Kill a Mockingbird.* Updated edition. New York 2007 (Bloom's Modern Critical Interpretations).
[Eine sehr gute Auswahl an anspruchsvollen kritischen Aufsätzen zum Roman.]

Verfilmung

To Kill a Mockingbird (1962), directed by Robert Mulligan, with a screenplay by Horton Foote.

12. Zentrale Begriffe und Definitionen

Alliteration [alliteration]: (lat. *alliteratio* ›Lautverbindung‹) Stimmen die Anfangslaute benachbarter Wörter überein, spricht man von Alliteration, z. B. »Feuer und Flamme«.
➤ S. 87

Charakter [character]: Im Gegensatz zu einem bloßen Typ, der skizzenhaft und schematisch angelegt ist, erkennt der Leser in einem Roman einen Charakter durch individuelle Merkmale wie Persönlichkeit, Handlungsweise, Interaktion mit anderen Charakteren, Sprechart usw.
➤ S. 26, 49, 96, 120 f.

Entwicklungsroman [coming-of-age novel]: In einem Entwicklungsroman wird der Werdegang eines jungen Menschen präsentiert. Einflüsse wie Schule und Familie werden dargestellt. Entwicklungsromane sind häufig autobiographisch geprägt. *To Kill a Mockingbird* lässt sich durchaus als Entwicklungsroman auffassen, auch wenn die erzählte Zeit verhältnismäßig kurz ist. Scout wird zwar nicht erwachsen, macht aber – wie auch ihr Bruder Jem – eine bedeutsame Entwicklung durch.
➤ S. 36, 98

Dialekt [dialect]: Ein Dialekt ist eine regionale Sprachvariante.
➤ S. 69

Erzählinstanz: [narrative instance] Die Stimme, die eine Geschichte erzählt. Es kann sich um eine Stimme mit oder ohne Identität handeln. In *To Kill a Mockingbird* erzählt Scout Finch, aber es ist sinnvoll, ihre Stimme als eine ›Erzählinstanz‹ zu betrachten. Das heißt, die Erzählinstanz im Roman ist eine Stimme, die sowohl aus großem zeitlichem Abstand als auch aus der unmittelbaren kindlichen Perspektive berichtet.

➤ S. 57 f.

Erzählsituation: [narrative situation] Der Begriff Erzählsituation dient zur Kategorisierung von verschiedenen Perspektiven des Erzählens. Ist der Erzähler Teil der erzählten Welt oder nicht? Handelt es sich um eine Ich-Erzählung oder um auktoriales Erzählen? usw.

➤ S. 55

Erzählte Zeit: [narrated time] Die Dauer des Geschehens einer Geschichte. Die Handlung von *To Kill a Mockingbird* erstreckt sich über etwas länger als 2 Jahre (vom Sommer 1933 bis zum Herbst 1935).

➤ S. 55

Ich-Erzählsituation [first person narrative situation]: Bei einem Text, in dem ein ›Ich‹ erzählt, handelt es sich um eine Ich-Erzählsituation. Typischerweise kommentiert diese Erzählinstanz das Geschehen und ist auch Teil der erzählten Welt. Das ›Ich‹ selbst lernen wir deswegen nur bedingt kennen, weil es Informationen filtert und nicht immer alles über sich erzählt. Die Erzählinstanz in *To Kill a Mockingbird* erzählt schon deswegen nicht immer alles, weil es sich um eine kindliche Perspektive handelt.

➤ S. 55

Motto [epigraph]: Bei einem Motto handelt es sich um ein einem Werk vorangestelltes Zitat, das das Thema andeutet oder einen Akzent setzt. Das Motto von *To Kill a Mockingbird* weist auf den im Roman thematisierten Widerspruch von Rechtssystemen und (kindlicher) Vernunft hin.

➤ S. 103

Personifikation [personification]: Die Vermenschlichung von Vorgängen und Gegenständen mit dem Ziel, sie lebendiger erscheinen zu lassen. Das Haus der Radleys wird zum Beispiel als »droopy and sick« (S. 16) beschrieben.

➤ S. 46

Rezeption [reception]: Die Aufnahme und Wirkung eines Textes, sei es durch Literaturkritiker, die Rezensionen schreiben, durch Schüler und Lehrer, durch Literaturwissenschaftler, die den Text analysieren und ihm eine bestimmte Bedeutung beimessen oder absprechen, durch andere Schriftsteller, die Motive aus dem Text in eigene Texte integrieren, oder Künstler allgemein, die Motive, Figuren aus dem Text in Form von Gemälden o. Ä. interpretieren.

➤ S. 127 f., 136, 138

Spannung [suspense]: Um das Interesse des Lesers am Stoff wachzuhalten, bedienen sich Autoren unterschiedlicher Methoden der Spannungserzeugung, wie Anspielungen, Vorausdeutungen, Träume oder geschickt gewählter Kapitelaufteilungen und Kapitelüberschriften.

➤ S. 60 f.

Symbol [symbol]: Jeder Gegenstand, der auf etwas Höheres verweist, kann als Symbol bezeichnet werden. Ein einfaches Kreuz kann auf das Christentum oder aber auf einen militärischen Zusammenhang verweisen. Im Gegensatz zur Allegorie kann das Symbol mehrdeutig sein. Symbole können Figuren (Boo), Tiere (der *mockingbird*), Pflanzen (eine Eiche) und Gegenstände (die Geschenke, die Boo Radley hinterlässt) sein.

➤ S. 42, 49, 66–68, 89 f., 100

Thema [theme]: Grund- und Leitgedanke eines Werkes, z. B. Liebe, Ehre, Schuld, Freiheit, Toleranz usw. Es ist oft nicht leicht, ein überzeugend formuliertes und eindeutiges Thema für ein literarisches Kunstwerk zu ermitteln.

➤ S. 58, 65, 103, 116 f., 136

Vorausdeutung [foreshadowing]: Vorwegnahme eines erst später eintretenden Ereignisses. Das kann ein sehr konkreter oder ein eher subtil in den Text eingeflochtener Hinweis sein: Burris Ewells Verhalten in der Schule lässt sich als eine Vorausdeutung auf die Boshaftigkeit seines Vaters, Bob Ewells, auffassen.

➤ S. 58